DUTCH THROUGH STORIES

mixed short stories
to learn Dutch

Book 1

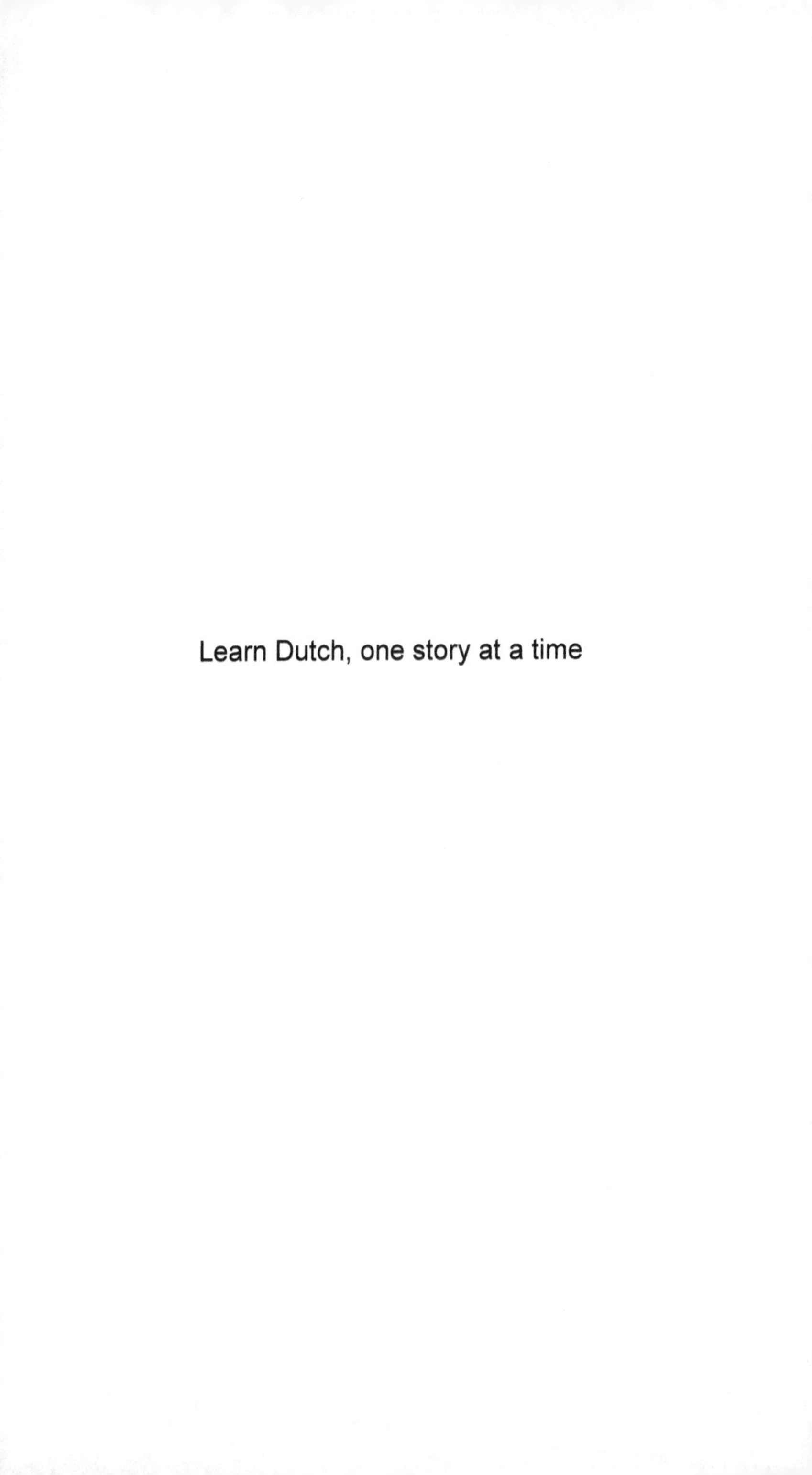

Learn Dutch, one story at a time

Contents

Introduction

Learning a new language, in many ways, is like a story. At the start, everything feels new and exciting. However, just like in any good tale, a complication inevitably arises□ pronunciations that twist your tongue, grammar rules that confuse, or words that you keep on forgetting. But, as with all stories, these challenges are not forever. With the investment of time, you get better at the language.

You will be able to have conversations in the store, understand the news, and chat with colleagues or friends. Doors will open to new opportunities in your education, career, and personal life. But most of all, the real beauty that comes with getting proficient in a language is understanding the culture like never before. Seeing the world through different eyes, understanding the humour and feeling a deeper connection with the people you love.

But sadly learning a language doesn□ come easily. It□s a journey. There will be twists and turns, moments of frustration mixed with moments of clarity. Luckily, this journey can be as enjoyable as sitting on the couch and reading a good story.

Learn better

In language acquisition theory, there are two main methods of learning: implicit and explicit learning. Most of our language education is focused on explicit learning, where we intensively study the language by analysing texts, memorising vocabulary, and learning grammar rules. Whereas implicit learning is more subtle and occurs unconsciously. It's absorbing the language through exposure like reading or focusing on a conversation. It's the way children learn their first language, almost effortlessly.

This second method, implicit learning, is an extremely effective way of learning. It has been found to boost your proficiency in a range of aspects: First, it helps you to get more natural language skills. You will sound more like a natural speaker and be more easily understood. Second, it supports long-term retention. It will be easier to remember the grammar and words you have studied. Third, it creates an intuition for the language. This is key for reaching fluency and doing well on tests. Lastly, it helps with understanding the structure of sentences like the syntax or word order, something which is hard to study by analysing every sentence. With implicit learning, getting better at a language occurs almost automatically while unaware of exactly what you are learning[1].

While explicit knowledge may be more beneficial at the early stages, from pre-intermediate level onwards, learners benefit more from implicit knowledge development through exposure to language in use[2]. Focusing too much on developing explicit language knowledge can lead to disappointment and feelings of frustration due to the feeling of lack of progress. However, learners spend too much time on explicit learning by focusing mostly on studying grammar and words and not reading and listening.

This is sadly understandable as native level content is often too difficult. Real conversations are too hard to follow and cause you to lose focus and not benefit from it. Normal books are still too difficult to enjoy and reading materials for advanced beginners or intermediate learners is often scarce, uninteresting or childish.

The goal of this series of books is to make a change to that□ it provides you with plenty of content at the right difficulty level to stimulate implicit learning. The stories are told from various perspectives (first, second, and third person) and cover a range of tenses (past, present and future) to give you plenty of exposure. Most importantly, the stories are interesting and for grown-ups. So sit down, relax, and enjoy a good story whilst progressing in your Dutch.

---

[1]VanPatten, B., & Smith, M. (2022). *Explicit and Implicit Learning in Second Language Acquisition.*
[2]Ellis, N. C. (2005). At the interface: dynamic interactions of explicit and implicit language knowledge. *Studies in Second Language Acquisition,* 27(2), 305□352.

How to read this book

This is not your textbook□ there is no need to overanalyse the grammar or translate every unfamiliar word. The strength in learning through stories lies in the constant flow of language in the natural context. This triggers the previously discussed implicit learning and all the benefits that come with it.

Approach this book with curiosity for the story and simply continue reading. If you find some parts challenging to understand, that□s completely normal. In fact, it□s beneficial to engage with content slightly above your current level to help you progress. So just keep on reading even if not everything is clear.

To make the most out of every story, you can follow either the □Intermediate□ or the □Advanced beginner□step-by-step guides. To decide which of the two guides to follow, start by reading the first three paragraphs of a story. If you understand the storyline and context, follow the steps in □Intermediate□ If you find it more difficult to understand, follow the steps in □Advanced beginner□

Advanced beginner

1. **Look at the illustration** to get an idea of the story.

2. **Read the summary** in detail so you understand the plot of the story.

3. **Study the 25 words** at the end of the chapter.

4. **Read the story fully** without translating words or overanalysing grammar structures. Skip sentences if you don't understand them on a second try.

5. **Read the story again** but translate unfamiliar words and carefully observe the grammar structures.

6. **Answer the True / False questions** at the end of the story and check your answers in the back of the book.

7. **Pick open-ended question(s)** and answer in writing or by speaking to someone. Try to use the newly learned words.

Intermediate

1. **Look at the illustration** to get an idea of the story.

2. **Read the story fully** without translating words or overanalysing grammar structures. Skip sentences if you don't understand them on a second try.

3. **Summarise** the story in your mind and then read the summary to see if you understood the story correctly.

4. **Answer the True / False questions** at the end of the story and check your answers in the back of the book.

5. **Study the 25 words** at the end of the chapter.

6. **Pick open-ended question(s)** and answer in writing or by speaking to someone. Try to use the newly learned words.

7. **Read the story again** but translate unfamiliar words and carefully observe the grammar structures.

Tips and tricks

Finally, before we get started with the stories, a couple of tips and tricks to make it easier and more effective.

- **Read out loud:** to practice speaking.
- **Set reading goals:** like reading one story a week.
- **Use it in your classes:** Tell your teacher you are using this book and suggest to use it for a lesson. The teacher can clarify things you didn't understand and give feedback on your answers to the open-ended questions.
- **Make notes in the book:** Underline grammar structures in the book that you recently learned and add the translation of words on the side of the text.
- **Leverage technology:**
  - **E-reader translation dictionary:** If you're reading this on your e-reader, consider downloading translation dictionaries. Select words to translate them on your e-reader.
  - **Camera function on translation apps**: Translation apps, like Google Translate, have a camera option with which you can point at text and see the translation on your screen.
  - **Flashcard apps**: Apps like Anki, Quizlet or Memrise help greatly in studying new words.
  - **Voice recognition tools**: If reading out loud, use the voice function of Google Translate or the dictation option of Microsoft Word. See which words the software didn't pick up and retry pronouncing those.

THE STORIES

Verhaal 1

Het mysterie van het oude huis

Het was een koude zaterdag. De lucht was grijs en de regen viel op de straten. Evi had haar regenjas aan en liep in het veld buiten de stad. Ze luisterde naar het geluid van de regen. Ze had haar handen in haar zakken. Naast haar liep Bram, haar beste vriend. Hij had een glimlach op zijn gezicht. Ze hadden niets te doen die middag en waren op zoek naar iets leuks.

De velden om de stad waren leeg. De meeste mensen bleven binnen wanneer het regende. Terwijl ze over het gras liepen, wees Bram naar een groot, **vervallen** huis. "Kijk daar!" riep hij. Het was het oude huis van meneer Peters, een plek die bekend stond om zijn **spookachtige** activiteiten.

Evi bleef even staan en keek naar het huis. Ze had vaak de verhalen gehoord over dat huis. Over **schaduwen** die in de nacht te zien waren en geluiden die je kon horen, maar nooit wist waar ze vandaan kwamen. Toch, ondanks haar **angst**, was ze erg **nieuwsgierig**.

"Zullen we daar eens kijken?" stelde Bram voor, terwijl hij naar het oude huis keek.

Evi wist het niet zeker, haar handen nog steeds in haar jaszakken. Ze had altijd gezegd dat ze nooit zoiets zou doen. Toch **overwoog** ze om het huis binnen te gaan. "Oké, maar niet te lang," antwoordde ze na een korte tijd, terwijl haar **hartslag versnelde**.

Ze liepen naar het grote ijzeren **hek** dat stond om het terrein van het huis. Het hek was ooit **imposant** en sterk, maar was nu begroeid met planten. De zware metalen palen waren kapot op sommige plaatsen, alsof ze lang het gewicht van het hek hebben gedragen. Bram duwde tegen het hek, en met een **kraak** ging het open. Ze stapten naar binnen, hun schoenen maakten vieze geluiden in de modder.

Het huis was een stuk hoger dan hen. Het was nog imposanter omdat ze dichterbij waren. De houten muren waren ooit mooi geschilderd, maar ze waren nu vies en bedekt met **schimmel**. Sommige ramen waren kapot. Het was duidelijk dat niemand hier in een lange tijd was geweest. Toch was er iets **mysterieus**, iets wat hen naar binnen trok.

Voorzichtig liepen ze naar de voordeur, die, tot hun verrassing, een klein beetje open stond. Evi voelde angst. "Moet je kijken," **fluisterde** ze. "De deur staat open."

Bram glimlachte en duwde de deur verder open. Het geluid klonk luid in de omgeving en leek nog luider in het lege huis. Ze voelde een koude lucht die rook naar schimmel. Binnen was het donker; hier en daar kwam alleen licht naar binnen door de ramen. Het **stof** danste in de lucht, alsof het huis ademde en hen voelde.

De vloer kraakte onder hun voeten terwijl ze langzaam naar binnen liepen. In de hal stonden oude meubels, bedekt met veel stof. Een grote kast aan de zijkant had zijn deuren open staan. Er hing kapotte kleding uit. Aan de muur zagen Evi en Bram schilderijen van mensen die ze niet kenden. Hun ogen leken hen te volgen. Ze **voelden zich bekeken**, alsof de mensen in de schilderijen leefden.

"Kom, laten we verder kijken," zei Bram enthousiast, hij was minder bang dan Evi.

Ze liepen door de lange, smalle gang. De vloer onder hun voeten kraakte bij elke stap. Aan het einde van de gang stond een grote, houten trap die naar boven ging. De helft van de trap was kapot. Toen ze net hun voet op het begin van de trap wilden zetten, hoorden ze **plotseling** een geluid. Het klonk als voetstappen, ergens boven hen.

"Heb jij dat ook gehoord?" fluisterde Evi, terwijl ze met grote ogen naar Bram keek.

Bram bleef stil. Ze luisterden allebei, maar hoorden niets meer. Toch hing er een **spanning** in de lucht, alsof er elk moment iets zou kunnen gebeuren. "Misschien is het de wind." zei Bram, maar zijn stem klonk minder zeker dan eerder.

Voorzichtig liepen ze omhoog. De trap kraakte en elke stap leek heel lang te duren. Boven was het nog donkerder, en de lucht voelde kouder. Ze stonden in een lange gang, met verschillende deuren. Aan het einde van de gang hingen rode gordijnen voor een kapot raam. De deuren waren bijna allemaal gesloten **met uitzondering van** één deur. Deze stond een klein beetje open, net zoals de voordeur.

"Zullen we daar eens kijken?" vroeg Bram. Hij liep door de lange gang naar de deur en duwde deze verder open. Binnen was een kleine kamer met daarin een houten stoel en een tafel. Op de tafel lagen een paar oude papieren.

Bram liep naar de tafel en keek voorzichtig naar de papieren. "Het zijn brieven," zei hij tegen Evi. "Maar ik kan ze niet lezen, het **handschrift** is oud en slecht."

Op dat moment hoorde Evi opnieuw een geluid. Dit keer was het duidelijker. Een krak, alsof er iemand op de vloer in de gang liep. Ze draaide zich snel om, een schaduw bewoog langs de muur. Haar hartslag versnelde weer, en ze voelde een **golf** van angst door haar lichaam.

"Bram," fluisterde ze. "We moeten hier weg. Nu."

Bram keek naar Evi. "Wat is er?" vroeg hij, terwijl hij de oude papieren teruglegde.

"Er is iemand in het huis" fluisterde Evi. Ze wilde hier niet langer blijven. Wat het ook was dat ze voelden, het was niet goed. Ze moesten weg.

Ze liepen snel naar de trap, hun voeten maakten veel geluid in de lange gang. Toen ze bijna van de trap af wilden gaan, hoorden ze een hard geluid achter hen. De deur aan het einde van de gang ging hard dicht. Ze bleven **verstijfd** staan.

"Wat moeten we doen?" fluisterde Evi, haar stem **trillend** van de angst.

Bram keek naar de gesloten deur, en dan weer naar beneden. "Misschien was het de wind," zei hij opnieuw, maar zelfs hij geloofde het niet meer.

Zonder na te denken, pakten ze elkaars hand en renden zo snel mogelijk de trap af. Het kraakte luid onder hun voeten, maar ze gaven er geen **aandacht** meer aan. Ze wilden naar buiten, weg van het huis. Buiten adem waren ze bij de voordeur, en toen ze buiten waren voelden ze de regen op hun lichaam vallen. Het geluid van de regen kalmeerde hen, de schone lucht gaf hen een goed gevoel, maar de angst was nog niet helemaal weg.

"Dat was vreemd," zei Bram, terwijl ze wegliepen en hij nog een keer terugkeek naar het huis.

"We moeten hier echt niet meer terugkomen," zei Evi, terwijl ze probeerde niet meer bang te zijn.

Ze wilden weglopen, maar net op dat moment hoorden ze achter zich een zacht geluid. Ze draaiden zich om en zagen, **tot hun verbazing**, hoe de voordeur langzaam dicht ging. Het leek alsof iemand van binnenuit de deur sloot.

Zonder nog een woord te zeggen, liepen ze snel verder terwijl de regen zachtjes op hen viel. Toch dacht Evi dat dit waarschijnlijk niet de laatste keer was dat ze het huis in gingen.

Samenvatting

Evi en Bram liepen op een koude, regenachtige zaterdagmiddag buiten de stad. Ze zagen het oude huis van meneer Peters, bekend om spookachtige activiteiten. Bram wilde naar het huis gaan. Evi was bang, maar ze ging toch mee. Ze gingen door het oude hek en liepen naar het huis. De voordeur stond een klein beetje open. Binnen was het donker en rook het naar schimmel. Ze hoorden voetstappen en zagen schaduwen bewegen. Ze voelden zich bekeken. Toen ze bij de trap stonden, hoorden ze een hard geluid. Een deur ging dicht. Ze waren bang en renden snel naar buiten. Buiten sloot de voordeur langzaam achter hen, alsof iemand binnen was. Ze liepen snel verder. Evi dacht dat dit niet de laatste keer was dat ze het huis in gingen.

Woordenlijst

vervallen ☐ decayed
spookachtige ☐ spooky
de schaduwen ☐ the shadows
de angst ☐ the fear
nieuwsgierig ☐ curious
overwegen ☐ to consider
hartslag versnelde ☐ heart rate accelerated
het hek ☐ the fence
imposant ☐ imposing
de kraak ☐ the crack
de schimmel ☐ the mold
mysterieus ☐ mysterious
voorzichtig ☐ careful
fluisteren ☐ to whisper
het stof ☐ the dust
zich bekeken voelen ☐ to feel watched
plotseling ☐ suddenly
de spanning ☐ the tension
met uitzondering van ☐ with the exception of
het handschrift ☐ the handwriting
de golf ☐ the wave
verstijfd ☐ stiffened
trillend ☐ shaking
de aandacht ☐ the attention
tot hun verbazing ☐ to their surprise

Test je kennis

1. Evi en Bram liepen op een zonnige middag buiten de stad.
   Waar
   Niet waar

2. Meneer Peters en zijn gezin woonden in het huis.
   Waar
   Niet waar

3. Het hek rond het huis was nieuw.
   Waar
   Niet waar

4. Bram en Evi zagen schilderijen van bekende mensen.
   Waar
   Niet waar

5. Toen Bram de papieren op de tafel zag, ontdekte hij dat het brieven waren.
   Waar
   Niet waar

6. Evi hoorde voetstappen voordat ze een schaduw zag bewegen in de gang.
   Waar
   Niet waar

7. Bram en Evi deden de voordeur dicht toen ze het huis uitgingen.
   Waar
   Niet waar

8. Bram was zelfs aan het einde niet bang.
   Waar
   Niet waar

Open vragen

☐ Wat doe je graag als het regent op een zaterdag?

☐ Zou jij ook het oude huis van meneer Peters in zijn gegaan, waarom wel of niet?

☐ Wanneer heb jij iets spannends gedaan, hoe was het?

☐ Wat maakt een plek voor jou gezellig of juist eng, kan je een voorbeeld geven van een plek die je fijn vindt?

☐ Wat maakt jou bang?

Een held op blote voeten

In een groot dorp in Ethiopië woonde een jongen die Abebe heette. Het dorp lag in de **heuvels** en tussen de lange velden. Abebe was niet heel anders dan de anderen in zijn dorp, ze hielden allemaal van lekker eten, voetbal en samen zijn. Maar er was iets speciaals aan Abebe: hij kon heel snel rennen zonder moe te worden. Elke ochtend rende hij tien kilometer naar school terwijl de weg naar school niet makkelijk was. Abebe moest over heuvels en **rotsachtige** paden rennen terwijl hij keek naar de lange velden. Soms was de zon al vroeg op de dag heet. Maar Abebe vond het geen probleem, voor hem was dit normaal.

Abebe's familie had niet heel veel geld. Ze hadden geen fietsen om mee te reizen. Ze kochten ook geen nieuwe schoenen, want dat vonden ze niet nodig. Abebe droeg vaak oude schoenen die bijna geen **bescherming** gaven tegen de scherpe stenen op de weg. Soms liep hij **op blote voeten**, wat geen probleem was voor Abebe. Voor hem was rennen zonder schoenen net zo gewoon als **ademhalen**.

Op een dag, na school, toen Abebe naar huis ging, zag hij een groep mannen. Ze renden rondjes, en één man in het midden riep dingen naar hen. Abebe stopte en keek nieuwsgierig naar de training. Hij werd enthousiast, want hij wilde dat ook doen, beter worden in zijn hobby. Niet gewoon rennen, maar heel snel rennen, zoals die mannen. Stiekem droomde hij even, dat hij misschien wel de snelste **hardloper** kon worden van het land.

Vanaf dat moment veranderde alles voor Abebe. Hij besloot elke dag te trainen. Naast zijn dagelijkse route naar school begon hij ook 's avonds laat te rennen. Hij rende door de heuvels, langs de rivieren en over de velden. Zijn benen werden steeds sterker. De mensen in het grote dorp begonnen zijn **doorzettingsvermogen** te zien. "Die jongen wordt ooit een groot kampioen," zeiden ze tegen elkaar.

Abebe was dat jaar klaar met school en begon mee te doen aan de wedstrijden in het dorp. Deze wedstrijden werden gehouden op de markt, waar hij nu werkte. Iedereen mocht meedoen, ook de oudere mannen die al jaren trainden. Maar Abebe was sneller dan hen allemaal. Elk jaar won hij de eerste prijs. De mensen in het dorp keken verbaasd. Iedereen begon te praten over hoe bijzonder Abebe was.

Op een dag kwam Abebe's coach naar hem toe met bijzonder nieuws. Het nationale team van Ethiopië zocht hardlopers voor de **Olympische Spelen**, en Abebe's naam stond op de lijst. In het **rapport** stond dat hij een grote kans heeft. "Abebe is een natuurlijke hardloper en heeft een beter **uithoudingsvermogen** dan iedereen."

De dag dat Abebe hoorde dat hij naar de Olympische Spelen mocht, was de mooiste dag van zijn leven. Hij kon het bijna niet geloven. Hij, een jonge man uit een dorp in Ethiopië, zou naar Rome gaan om mee te doen aan de grootste **sportwedstrijd** ter wereld. Zijn familie was heel **trots** op hem. Ook veel mensen van het dorp kwamen langs om hem te **feliciteren** terwijl hij zijn reis aan het plannen was.

In Rome was alles anders dan thuis. De stad was groot en druk, en er waren veel mensen die een andere taal spraken. Maar Abebe dacht maar aan één ding: winnen. De week voor de wedstrijd, trainde hij met het nationale team. Maar hij had een probleem. De schoenen die hij van het team kreeg, waren te klein. Hij kreeg er **blaren** van, en na elke training deden zijn voeten pijn. Het team had geen extra schoenen mee en hij **raakte in paniek**.

Op de ochtend van de race zat Abebe op zijn bed en keek naar de schoenen naast hem. Hij herinnerde zich de pijn van de trainingen en wist wat hij moest doen. ‟Ik zal de marathon op blote voeten lopen‟ fluisterde hij. De straten van Rome zouden heet en hard zijn, maar hij **vertrouwde** op zijn eigen kracht en ervaring.

Toen de marathon begon, stonden de beste **atleten** van de wereld naast Abebe. Ze droegen allemaal speciale hardloopschoenen. Maar daar stond Abebe, in simpele kleding en zonder schoenen. Sommige mensen in het **publiek** keken verbaasd naar hem. "Kan hij wel meedoen zonder schoenen?" hoorde hij iemand vragen. Maar Abebe gaf geen antwoord. Hij dacht alleen maar aan de race en op de weg die voor hem lag.

Het was precies negen uur s ochtends en de marathon begon. De eerste kilometers waren zwaar. De straten van Rome waren heet, en de stenen waren scherp. Maar Abebe bleef rennen. Hij had jarenlang geoefend in de Ethiopische heuvels, en zijn lichaam was sterk genoeg. Halverwege de race begon hij de andere lopers **in te halen**. Zijn benen werden moe en zijn blote voeten deden pijn, maar hij ging door.

Veel lopers gingen langzamer rennen of stopten, maar Abebe bleef rennen. Hij voelde de kracht in zijn benen. Toen hij alleen nog de laatste kilometer van de tweeënveertig kilometer moest lopen, zag hij de finish in de verte. Ze liepen met zn drieën dicht bij elkaar, en de sprint zou **bepalen** wie er zou winnen. Hij begon met de sprint. Het publiek langs de kant was enthousiast en maakte veel geluid. Ze konden niet geloven wat ze zagen: een man zonder schoenen!

Met zijn laatste beetje energie versnelde Abebe en rende hij de andere twee atleten voorbij. Hij kwam als eerste over de finish. Goud! Abebe won de marathon van de Olympische Spelen. Het was de eerste **gouden medaille** voor Ethiopië ooit.

Na de race kwamen veel journalisten naar Abebe, ze vroegen naar zijn **geheim**, hoe kon hij zo goed rennen op blote voeten? Ook kwamen er veel mensen die hem wilden feliciteren. Zijn benen waren moe en zijn voeten deden pijn, maar hij glimlachte zonder probleem. Hij had de wereld laten zien dat je met doorzettingsvermogen kan winnen, zelfs als je niet veel hebt.

Toen Abebe weer in Ethiopië was, was hij een **held**. Zijn dorp was trots op hem, en mensen van over de hele wereld spraken over de atleet die zonder schoenen de Olympische marathon had gewonnen. Abebe liet de wereld zien dat het niet uitmaakt waar je vandaan komt of hoe moeilijk de weg is.

Abebe bleef nog vele jaren rennen en **inspireerde** mensen over de hele wereld.

*Dit verhaal is **gebaseerd** op het echte verhaal van Abebe Bikila, hij won in 1960 goud op de Olympische marathon in Rome op blote voeten.*

Samenvatting

Abebe woonde in een groot dorp in Ethiopië en hield van rennen. Hij had geen goede schoenen en rende vaak op blote voeten. Hij rende altijd tien kilometer naar school. Op een dag zag hij mannen trainen en besloot beter te worden in rennen. Hij trainde elke dag en werd steeds sterker. Abebe deed mee aan wedstrijden en won elk jaar. Het nationale team van Ethiopië zag zijn talent en hij mocht naar de Olympische Spelen. In Rome liep hij de marathon zonder schoenen, omdat de schoenen die hij kreeg te klein waren. Ondanks de pijn bleef hij doorzetten. Abebe won de marathon en kreeg een gouden medaille. Hij liet de wereld zien dat doorzettingsvermogen belangrijk is. In Ethiopië was hij een held en hij inspireerde mensen over de hele wereld.

Woordenlijst

de heuvels ☐ the hills
rotsachtige ☐ rocky
de bescherming ☐ the protection
op blote voeten ☐ on bare feet
ademhalen ☐ to breathe
hardloper ☐ runner
het doorzettingsvermogen ☐ the perseverance
de Olympische Spelen ☐ the Olympic Games
het rapport ☐ the report
het uithoudingsvermogen ☐ the endurance
de sportwedstrijd ☐ the sports match
trots ☐ proud
feliciteren ☐ to congratulate
de blaren ☐ blisters
in paniek raken ☐ to panic
vertrouwen ☐ to trust
de atleten ☐ athletes
het publiek ☐ the crowd
inhalen ☐ to overtake
bepalen ☐ to decide
de gouden medaille ☐ gold medal
het geheim ☐ the secret
de held ☐ the hero
inspireren ☐ to inspire
baseren ☐ to base

Test je kennis

1. Abebe rende altijd op blote voeten.

   Waar

   Niet waar

2. Abebe woonde in een dorp tussen de heuvels
en velden.

   Waar

   Niet waar

3. Abebe rende elke dag vijftien kilometer naar
school.

   Waar

   Niet waar

4. Het nationale team van Ethiopië wilde Abebe
niet voor de Olympische Spelen.

   Waar

   Niet waar

5. Abebe's familie was boos op hem toen hij naar
de Olympische Spelen ging.

   Waar

   Niet waar

6. De schoenen die Abebe in Rome kreeg waren te groot.

Waar

Niet waar

7. Abebe rende de marathon in Rome zonder schoenen.

Waar

Niet waar

8. De mensen in het dorp bewonderden Abebe's doorzettingsvermogen.

Waar

Niet waar

Open vragen

☐ Wat is jouw favoriete sport?

☐ Hoe ga jij meestal naar school of werk, duurt het lang?

☐ Wat vind jij van de Olympische Spelen?

☐ Wat voor wedstrijd heb jij wel eens aan meegedaan?

☐ Wanneer heb jij doorzettingsvermogen nodig?

Een reis om niet te vergeten

Jeroen en Paul waren **al een tijdje** vrienden. Ze hadden elkaar jaren geleden ontmoet op school en hebben allebei een passie voor reizen. Deze zomer hadden ze besloten om naar Sri Lanka te gaan, een land dat ze allebei wilden bezoeken. Ze hadden hun vlucht geboekt en de route bedacht voor een reis van twee weken. Wat ze **echter** niet hadden gepland, was het avontuur dat **hen te wachten stond**.

De reis begon rustig. Ze landden in Colombo, de hoofdstad van Sri Lanka, waar ze een paar dagen waren om de stad te verkennen. Ze gingen naar restaurants, aten heerlijke lokale gerechten en bezochten bekende **bezienswaardigheden**. Het was fantastisch, maar na een paar dagen in de stad wilden ze iets anders. Ze wilden het platteland en de natuur zien, weg uit de drukke stad.

Waarom huren we geen tuktuk en rijden we zelf de natuur in? vroeg Jeroen terwijl ze op een terrasje zaten te ontbijten.

Paul zei enthousiast: Ja, dat klinkt geweldig! Ik heb al een tijdje zelf in een tuktuk willen rijden. Het lijkt me leuk om te doen!

Na even zoeken op het internet vonden ze een bedrijf waar ze er een konden huren. Een kleine man kwam naar buiten en hielp hen snel. Hij was erg vriendelijk en grappig. Hij vertelde hoe ze in zo'n tuktuk konden rijden. Het was niet zo makkelijk als ze dachten, maar na een paar keer oefenen door de straatjes van Colombo, voelden ze zich comfortabel genoeg om zelf te rijden.

Hun plan was om naar het binnenland van Sri Lanka te rijden en daar de beroemde **theeplantages** te bezoeken. In de eerste paar dagen verliep alles zonder problemen. De wegen gingen langs kleine dorpjes en in veel dorpen waren kinderen die naar hen **zwaaiden** terwijl ze voorbij reden. Ze stopten bij een kleine markt om vers fruit te kopen en genoten van het gevoel van vrijheid dat de tuktuk hen gaf.

Op de vierde dag van hun reis besloten ze een andere route te nemen. Deze route liep door een minder toeristisch gebied. De man van het verhuurbedrijf had hen gewaarschuwd dat sommige wegen in dit deel van het land smal en slecht waren, maar dat was geen probleem voor hen. Ze waren **namelijk** op zoek naar avontuur.

Het was lekker warm en de zon scheen. De wind waaide door hun haren. Ze reden met de tuktuk een smalle weg op die door het bos liep. Het was stil op de weg, er kwamen enkel een paar bussen en vrachtwagens van de andere kant. Ze reden met veel lawaai voorbij. Plotseling, halverwege hun route, begon de tuktuk te **schudden**.

"Wat is er aan de hand?" vroeg Paul terwijl hij angstig naar Jeroen keek.

Ik weet het niet, antwoordde Jeroen, die naast hem zat en naar de weg voor hen keek. "Misschien is er iets mis met de motor van de tuktuk?"

Ze stopten aan de kant van de weg om te zien wat er **aan de hand was**. Terwijl Paul de motor controleerde, hoorde Jeroen een vreemd geluid in de **verte**. Het was alsof er **iets zwaars** de grond raakte, maar hij kon niet precies zeggen wat het was. Hij keek **om zich heen** en zag iets bewegen.

"Paul... kijk daar," zei Jeroen terwijl hij naar een punt in de verte wees.

Paul stond op en volgde Jeroens blik. Verderop stond een grote olifant midden op de weg. Het dier bewoog langzaam en was erg imposant. Het was duidelijk dat de olifant **niet van plan was om** weg te gaan. Wat echter nog vreemder was, was dat er een paar bussen in de buurt van de olifant stonden. Ze reden langzaam achteruit, alsof ze probeerden weg te gaan van het dier.

Wat gebeurt daar? vroeg Paul.

Jeroen keek angstig. Geen idee, maar het ziet er niet goed uit. Misschien moeten we iets doen.

Ze stapten weer in de tuktuk en keken wat er gebeurde. De olifant leek boos te zijn. Hij zwaaide met zijn **slurf** en stapte naar een bus, alsof hij de bus probeerde **weg te jagen**. De buschauffeur leek in paniek en probeerde achteruit te rijden, maar de smalle weg maakte dat moeilijk.

Wat doen we nu? vroeg Paul bezorgd. We moeten ze helpen en we kunnen ook niet verder rijden als die olifant de weg **blokkeert**.

Ik heb geen idee wat we kunnen doen, antwoordde Jeroen. Die olifant lijkt niet snel weg te gaan. Misschien moeten we de olifant bang maken?◻

◻Het dier is te groot en gevaarlijk, dat wordt moeilijk.◻antwoordde Paul.

De tijd ging langzaam terwijl ze in de tuktuk zaten en keken hoe de olifant dicht bij één van de bussen stond. De mensen in de bus leken bang. De olifant was inderdaad niet van plan om te vertrekken. Hij werd steeds bozer en begon met zijn slurf tegen de bussen te **slaan**.

Toen kwam er een man in een oude jeep voorbij die naast hen stopte. "Moeten jullie er langs?◻ vroeg hij vriendelijk in het Engels.

Jeroen en Paul vertelden dat ze de mensen in de bus wilden helpen. De man antwoordde. "Dat is een wilde olifant," zei hij snel. "Ze komen soms uit het bos en blokkeren de wegen. Hij zal waarschijnlijk niet weg gaan, iemand moet hem **afleiden**."

Paul en Jeroen keken elkaar aan. "Wat voor voedsel eet een olifant?" vroeg Paul.

"Fruit, vooral bananen,◻zei de man. ◻Hebben jullie iets bij je?"

Ze **herinnerden** zich dat ze eerder die dag bananen hadden gekocht bij een markt in een klein dorpje. "We hebben bananen!" riep Jeroen enthousiast.

De man stapte uit zijn jeep en liep met Jeroen en Paul voorzichtig naar de bussen toe. Ze kwamen dichterbij de olifant, die hen nieuwsgierig **aankeek**. Jeroen haalde de tros bananen uit de tas en hield ze omhoog.

De olifant draaide zijn hoofd en begon langzaam naar hen toe te lopen. Hij kwam steeds dichterbij en begon sneller te lopen. Hij leek nog gevaarlijker van dichtbij.

⸢Gooi ze op de grond!⸣riep de man.

Jeroen gooide de tros bananen voor zich op de weg en de olifant begon ze te eten. Terwijl het dier afgeleid was door het voedsel, konden de bussen snel langs hem rijden.

De man rende terug naar zijn jeep. ⸢Super, bedankt heren!⸣

Jeroen en Paul **sprongen** in de tuktuk. Ze probeerden de motor te starten, maar de tuktuk schudde weer. Er was niemand meer op de weg, alleen de olifant samen met Jeroen en Paul. Ze zagen hoe de olifant bijna de bananen op had, en naar de tuktuk keek. Ze probeerden de motor opnieuw te starten, maar het lukte niet. ⬚Je kan het!⬚zei Paul tegen de tuktuk. De tuktuk maakte een luid geluid en plotseling startte de motor.

Ze reden snel langs de olifant die zijn laatste banaan at. Toen ze ver genoeg waren, **keken ze achterom**. De olifant liep rustig het bos in. Ze waren nog steeds een beetje in shock van wat ze net **hadden meegemaakt**.

⬚Nou, dat was een verrassing,⬚zei Paul met een glimlach.

⬚Ja, dat kun je wel zeggen,⬚antwoordde Jeroen. ⬚Dat is een verhaal om tijdens een **borrel** te vertellen!⬚

Ze reden verder langs de kleine dorpjes en door de prachtige natuur. De rest van hun reis was mooi, maar het verhaal van de olifant was iets bijzonders. Wanneer ze later **terugdachten** aan hun reis, lachten ze altijd om die dag.

Samenvatting

Jeroen en Paul waren vrienden en gingen samen naar Sri Lanka. Ze huurden een tuktuk om de natuur te verkennen. De eerste dagen van hun reis gingen goed. Ze reden door mooie dorpen en kochten fruit op een markt. Op de vierde dag reden ze over een weg in het bos waar een wilde olifant de weg blokkeerde. Een man in een jeep stopte en vertelde dat olifanten van fruit houden. Jeroen en Paul hadden bananen bij zich en gooiden deze voor de olifant op de weg. Terwijl de olifant de bananen at, konden de bussen doorrijden. Jeroen en Paul reden snel langs de olifant. Het avontuur met de olifant was erg spannend, maar het werd een mooi verhaal om later te vertellen.

Woordenlijst

al een tijdje ☐ already for a while
echter ☐ however
hen te wachten stond ☐ that awaited them
de bezienswaardigheden ☐ the places of interest
de theeplantages ☐ the tea plantations
zwaaien ☐ to wave
namelijk ☐ namely
schudden ☐ to shake
aan de hand is ☐ going on
de verte ☐ the distance
iets zwaars ☐ something heavy
om zich heen ☐ around oneself
niet van plan zijn om ☐ not planning to
de slurf ☐ the trunk
wegjagen ☐ to scare away
blokkeren ☐ to block
slaan ☐ to hit
afleiden ☐ to distract
herinneren ☐ to remember
aankijken ☐ to look at
springen ☐ to jump
achterom kijken ☐ to look back
meegemaakt hebben ☐ to have witnessed
de borrel ☐ the drink (casual gathering)
terugdenken ☐ to think back

Test je kennis

1. Tom en Paul huurden een tuktuk in Sri Lanka om het binnenland te verkennen.

   Waar

   Niet waar

2. De wegen in het gebied waar Tom en Paul reisden waren perfect.

   Waar

   Niet waar

3. De olifant blokkeerde de bussen op de weg en werd agressief.

   Waar

   Niet waar

4. Tom en Paul hadden geen voedsel bij zich toen ze de olifant zagen.

   Waar

   Niet waar

5. De olifant kwam uit het hoge gras.

   Waar

   Niet waar

6. De olifant duwde de jeep.

Waar

Niet waar

7. De tuktuk startte zonder problemen toen de olifant at.

Waar

Niet waar

8. Na het eten van de bananen liep de olifant terug het bos in.

Waar

Niet waar

Open vragen

☐ Hou jij van reizen?

☐ Reis jij liever met vrienden of met je familie?

☐ Waar ben jij voor het laatst op reis geweest en hoe was het?

☐ Heb je wel eens iets bijzonders meegemaakt op reis, wat was het?

☐ Hou je van de natuur en van dieren?

Verhaal 4

Het laatste kopje thee

Detective Jan Vermeer was een slimme man. Hij werkte in het rustige stadje Riethoven. Normaal gebeurde er niet veel. De mensen kenden elkaar, en het leven was eenvoudig. Maar op een dag gebeurde er iets **schokkends**.

Een rijke man, meneer Willem de Vries, werd dood gevonden in zijn grote huis. Hij was bekend omdat hij een succesvol bedrijf had, en een luxe **leven leidde**. De buren waren bang en verdrietig. Niemand had iets vreemds gezien of gehoord.

De politie werd gebeld. Agenten gingen snel naar het huis van meneer De Vries. Ze zochten overal naar **aanwijzingen**. Maar ze vonden niets dat op een **misdaad** leek.

Detective Vermeer werd gevraagd om te helpen. Hij was goed in het vinden van kleine details die anderen misten. Hij kwam aan bij het huis en begon alles te **onderzoeken.**

Het huis was netjes en mooi met hoge ramen die veel daglicht binnen lieten. De grijsblauwe lucht was **zichtbaar**. In de woonkamer lag meneer De Vries op de grond naast een comfortabele stoel. Zijn ogen waren gesloten. Op tafel stond een **halfvol** kopje thee. Het leek alsof hij in slaap was gevallen. Er was geen bloed en niemand had iets gehoord.

"Dit is **vreemd**," fluisterde Vermeer tegen zichzelf. "Waarom zou iemand sterven terwijl hij rustig thee drinkt?"

Hij keek naar het kopje, de thee was nog een beetje warm. Hij keek er nog eens goed naar, maar het leek gewone zwarte thee. Toch nam hij een beetje mee om later **te laten onderzoeken**.

Vermeer riep de butler, een man genaamd Karel. "Karel, kun je me vertellen wat er is gebeurd?" vroeg hij.

Karel zag er vriendelijk uit. "Ik bracht meneer zijn thee, zoals elke middag," zei hij. "Daarna liet ik hem alleen. Toen ik terugkwam om te vragen of hij nog iets nodig had, vond ik hem zo."

"Heb je vandaag iets gezien? **Bezoekers** of telefoontjes?" vroeg Vermeer.

Karel schudde zijn hoofd. "Nee, meneer. Het was een normale dag. Meneer De Vries had geen bezoekers."

Vermeer schreef alles op in zijn schrift. Hij besloot de keuken te bekijken, waar de thee was gemaakt. Alles was netjes en schoon. De theepot stond op de keukentafel, naast een doos met theezakjes.

Terug in de woonkamer zag Vermeer een stapel brieven op de tafel. Eén brief **viel op**. Er stond geen **afzender** op. Hij opende de brief voorzichtig en las: "Betaal mij, of je zult problemen krijgen."

Vermeer dacht dat dit belangrijk kon zijn. Hij vroeg aan Karel: "Weet je iets over deze brief?"

"Nee, meneer. Meneer De Vries opende zijn post altijd zelf," antwoordde Karel.

Vermeer nam de brief mee om ook te laten onderzoeken. Hij liep heel langzaam door het huis en keek goed om zich heen. Bij het raam in de woonkamer zag hij iets vreemds. Er waren vlekken op de vensterbank, alsof iemand erop had **geleund**. Hij nam foto's van de

vingerafdrukken en keek naar buiten en zag een kleine tuin met **voetstappen** in het gras.

Hij volgde de voetstappen naar een hek. Aan het einde van het hek, verstopt achter een struik, was het hek opengemaakt. "Misschien is er toch iemand binnengekomen," dacht hij.

Vermeer besloot de buren te vragen of ze iets hadden gezien. De buurvrouw, mevrouw Janssen, zei dat ze eerder die dag een man had gezien bij het huis van meneer De Vries.

"Ik dacht dat het een bezoeker was," zei ze. "Maar hij zag er anders uit. Hij droeg een donkere jas en een hoed."

"Kent u deze man?" vroeg Vermeer.

"Nee, ik heb hem nog nooit gezien," antwoordde ze.

Met deze informatie ging Vermeer terug naar het **politiebureau**. Hij liet de brief onderzoeken. Misschien konden ze het handschrift vergelijken. Ook vroegen ze om vingerafdrukken.

Na een paar uur kreeg hij het rapport. De vingerafdrukken waren hetzelfde als die van Mark, de neef van meneer De Vries. Ook vonden ze dat het handschrift leek op zijn handschrift.

Vermeer besloot Mark op te zoeken. Hij woonde in een klein appartement aan de andere kant van de stad. Het gebouw was oud, maar netjes. Toen Vermeer aanklopte, deed Mark de deur open.

Het appartement was klein maar vol met interessante spullen. Aan de muren hingen foto's van verre landen. Op de kast stonden houten dieren, zoals een mooie vogel en een lange giraffe. Het leek erop dat Mark veel had gereisd en souvenirs had meegenomen.

Mark zag er verrast en nerveus uit toen hij de detective zag. "Goedemiddag, Mark. Mag ik binnenkomen?" vroeg Vermeer vriendelijk.

"Ja, natuurlijk. Kom binnen," zei Mark.

"Mark, ik moet met je praten over je oom," begon Vermeer.

"Wat is er met hem?" vroeg Mark, terwijl hij om zich heen keek.

"Hij is vermoord," zei Vermeer. "En ik denk dat jij het hebt gedaan.☐

Marks ogen werden groot. "Dat is niet waar! Ik heb niets gedaan!"

"Kun je uitleggen waarom je deze brief naar je oom hebt gestuurd?" vroeg Vermeer, terwijl hij de boze brief liet zien.

Mark keek naar de kapstok, waar zijn donkere jas en hoed hingen. "Ik had geldproblemen en ik wilde mijn geld van hem terug. Ik vroeg het eerst vriendelijk, maar hij hielp mij niet."

"Heb je hem daarom vermoord?" vroeg Vermeer snel.

"Nee! Ik zou zoiets nooit doen!" riep Mark.

"Er zijn vingerafdrukken en het handschrift die naar jou wijzen," zei Vermeer. "Ook is er een **getuige** die je bij zijn huis heeft gezien op de dag van zijn dood."

Mark begon te zweten. "Ik **geef toe** dat ik naar zijn huis ben gegaan. Ik wilde mijn geld terugvragen. Maar hij was niet thuis. Ik heb gewacht, maar hij kwam niet."

"Waarom heb je niet eerst de butler gevraagd?" vroeg Vermeer.

"Ik wilde niet dat Karel me zag. Hij lijkt heel aardig maar is erg gemeen." zei Mark.

Vermeer dacht na. Het verhaal van Mark klonk **eerlijk**. Maar als hij de dader niet was, wie dan wel?

Terug op het politiebureau keek Vermeer nog eens naar alle informatie. Hij herinnerde zich het kopje thee dat meneer De Vries had. Misschien moest hij de resultaten van het laboratorium afwachten.

De volgende dag kreeg Vermeer de uitslag. In de thee zat een **giftige stof**. Het gif kwam van een plant genaamd **vingerhoedskruid**. Vermeer wist dat deze plant soms in tuinen groeit.

Hij besloot terug te gaan naar het huis van meneer De Vries. In de tuin vond hij inderdaad vingerhoedskruid. Hij keek rond en zag dat iemand onlangs in de tuin had gewerkt.

Vermeer ging naar Karel toe. "Karel, werk jij vaak in de tuin?" vroeg hij.

"Ja, meneer. Dat doe ik soms," antwoordde Karel.

"Ken je deze plant?" vroeg Vermeer, terwijl hij naar het vingerhoedskruid wees.

Karel keek ernaar. "Ja, dat is vingerhoedskruid. Maar ik blijf er altijd vanaf. Het is giftig."

Vermeer vroeg. "Wist je dat er gif in de thee van meneer De Vries zat?"

Karel keek bang. "Gif? Nee, dat wist ik niet!"

"Het gif kwam van deze plant," zei Vermeer. "En jij maakte de thee."

Karel begon te trillen. "Ik heb niets gedaan! Misschien heeft iemand anders het gedaan."

"Er zijn geen sporen van **inbraak**. En alleen jij had toegang tot de keuken en de tuin," zei Vermeer rustig.

Karel zei niks. Vermeer fluisterde: "Ik denk dat jij **verantwoordelijk** bent voor de dood van meneer De Vries."

"Dat is niet waar!" riep Karel.

"Ik heb je vingerafdrukken gevonden op de plant. Ook was je erg nerveus toen ik je vragen stelde," zei Vermeer.

Na een lange stilte zakte Karel in elkaar. "Oké, ik heb het gedaan," fluisterde hij. "Hij was **gemeen**. Hij respecteerde me niet en betaalde me te weinig. Ik kon het niet meer aan. Ik heb het gif in zijn thee gedaan."

Vermeer keek hem boos aan. "Ik moet je **arresteren**. □

Karel wist dat hij geen kans meer had.

De mensen in Riethoven waren opgelucht dat de dader was gevonden. Ze bedankten detective Vermeer voor zijn goede werk.

Samenvatting

Detective Jan Vermeer werkt in Riethoven. Willem de Vries, een rijke man, werd dood gevonden in zijn huis. Op tafel stond een halfvol kopje thee. Vermeer onderzoekt het huis en praat met butler Karel, die zegt dat hij niets heeft gezien. Vermeer vindt een brief zonder naam: "Betaal mij, of je krijgt problemen." Hij ontdekt voetstappen in de tuin en hoort van een buurvrouw dat er een vreemde man was. Vermeer denkt dat het Mark, de neef van De Vries, was. Hij bezoekt Mark, maar zijn verhaal klinkt eerlijk. Later blijkt uit onderzoek dat er gif in de thee zat, afkomstig van een giftige plant in de tuin. Vermeer praat met Karel. Uiteindelijk geeft Karel toe dat hij meneer De Vries heeft vergiftigd omdat hij gemeen was. Karel wordt gearresteerd. De mensen in Riethoven zijn blij dat de dader is gevonden.

Woordenlijst

schokkends ☐ shocking
leven leiden ☐ to lead a life
de aanwijzing ☐ the clue
de misdaad ☐ the crime
onderzoeken ☐ to examine
zichtbaar ☐ visible
halfvol ☐ half full
vreemd ☐ strange
te laten onderzoeken ☐ to have examined
de bezoeker ☐ the visitor
opvallen ☐ to stand out
de afzender ☐ the sender
leunen ☐ to lean
de vingerafdrukken ☐ the fingerprints
de voetstappen ☐ the footsteps
het politiebureau ☐ the police station
de getuige ☐ the witness
toegeven ☐ to admit
eerlijk ☐ honestly
de giftige stof ☐ the toxic substance
het vingerhoedskruid ☐ the foxglove
de inbraak ☐ the burglary
verantwoordelijk ☐ responsible
gemeen ☐ mean
arresteren ☐ to arrest

Test je kennis

1. Detective Jan Vermeer werkte in de drukke stad Riethoven.

   Waar

   Niet waar

2. Meneer Willem de Vries werd gevonden met een halfvol kopje koffie op tafel.

   Waar

   Niet waar

3. Karel, de butler, maakte dagelijks thee voor meneer De Vries.

   Waar

   Niet waar

4. Detective Vermeer vond vingerafdrukken op de vensterbank in de woonkamer.

   Waar

   Niet waar

5. De buurvrouw, mevrouw Janssen, zag een man in een donkere jas en hoed bij het huis van meneer De Vries.

   Waar

   Niet waar

6. Mark, de zoon van meneer De Vries, zei dat hij hem niet had vermoord.

Waar

Niet waar

7. In de tuin van meneer De Vries groeide de giftige plant vingerhoedskruid.

Waar

Niet waar

8. Karel zei op het einde dat hij het gif in de thee van meneer De Vries had gedaan.

Waar

Niet waar

Open vragen

☐ Drink jij graag thee, hoe vaak en wanneer?

☐ Werk jij graag in de tuin, waarom wel of niet?

☐ Praat jij wel eens met je buren? Zo ja, waarover?

☐ Zou jij graag in een heel groot huis willen wonen, waarom wel of niet?

☐ Zou jij detective willen zijn, waarom wel of niet?

De parel van de Perzische Golf

Farid is een **parelduiker** die elke dag de zee in gaat om parels te zoeken. Hij woont in een klein dorpje aan de zuidkant van de **Perzische Golf**. Zijn vader en grootvader hadden hier vroeger hetzelfde beroep. Ze hebben hem geleerd hoe hij parels kan vinden. Nu is Farid zelf een goede duiker en duikt diep onder water om te zoeken naar **oesters**. Soms vindt hij mooie parels, vaak vindt hij niets. Maar Farid **geeft** nooit **op** omdat hij weet dat ze waardevol zijn en hij ze voor veel geld kan verkopen.

Farid moet lang zijn **adem inhouden** als hij onder water duikt. Hij zwemt diep naar de bodem van de zee, waar de oesters liggen. Het is donker onder water en zijn longen voelen zwaar, maar hij blijft zoeken naar de oesters. Dit is zijn werk en hij is er trots op.

Elke week gaat Farid naar de markt in zijn dorp. Hij verkoopt zijn parels aan **handelaren** die ze meenemen naar andere steden. De handelaren maken vaak de gevaarlijke reis naar Damascus, een grote stad waar het Oosten en het Westen elkaar ontmoeten. Er zijn veel verhalen over die stad.

Op een dag gebeurt er iets bijzonders. Farid duikt zoals altijd in het water, diep naar de bodem van de zee. Het voelt rustig onder water en hij zoekt met zijn handen naar oesters op de bodem. Plotseling voelt hij iets groots, het is een enorm zware oester. Hij **tilt** hem **op** en brengt hem naar de boot.

Boven water maakt Farid de oester voorzichtig open. Zijn ogen worden groot van verbazing want in de oester ligt de grootste parel die hij ooit heeft gezien. De parel is prachtig. Hij is perfect rond en **schittert** in het zonlicht. Farid weet meteen dat deze parel veel geld waard is en dat dit zijn leven compleet zou kunnen veranderen.

Farid neemt de parel mee naar de markt in zijn dorp. De handelaren in het dorp kijken vol verbazing naar de parel en zijn heel enthousiast. "We hebben nog nooit zo'n grote parel gezien!" zegt een van hen. Maar niemand kan hem genoeg geld **bieden** voor de parel. "Deze parel is te groot, zoveel geld heb ik niet, ik kan je maar tien procent van de prijs bieden" zegt hij daarna. "Je moet naar Damascus gaan. Daar zijn rijke mensen die veel meer geld voor zon parel willen geven." Zegt de andere handelaar.

Farid **twijfelt**. De reis naar Damascus is lang en gevaarlijk. Maar hij weet dat hij geen andere keuze heeft. Hij moet de parel zelf naar Damascus brengen om er een goede prijs voor te krijgen. Farid besluit zijn andere, kleinere parels te verkopen om geld te verdienen voor de reis. Op de markt koopt hij een sterke **kameel**, vult zijn tassen met water en vertrekt.

De eerste dagen van de reis gaan goed. Farid volgt de oude **karavaanroute** diep de **woestijn** in, waar hij andere reizigers en kleine dorpjes langs het pad ziet. Het is heet, maar Farid is gewend aan de zon. Hij drinkt veel water en laat zijn kameel af en toe rusten. Hij kijkt naar de grote parel in zijn zak en denkt aan Damascus. Daar, in de grote stad, zal hij zijn parel verkopen en rijk worden.

Maar na een paar dagen gebeurt er iets ergs, Farid raakt de weg kwijt. Het pad is verdwenen, waardoor hij niet meer weet welke kant hij op moet. Hij kijkt om zich heen maar ziet alleen maar zand. De zon brandt fel boven zijn hoofd, en het water in zijn zakken raakt langzaam op. Farid voelt de paniek, hij wil niet sterven in de woestijn.

Farid loopt **verloren** door het hete zand en voelt zich steeds wanhopiger. Hij weet niet of hij de juiste kant op gaat of dat hij verder van Damascus af loopt. Hij vraagt zich af of het misschien een fout was om deze reis te maken. Misschien had hij de parel gewoon in zijn dorp moeten verkopen, ook al had hij er minder geld voor gekregen.

Op een avond, als de zon bijna onder is en de lucht koel begint te worden, ziet Farid plotseling in de verte een klein **kampvuur**. Hij loopt ernaartoe en ziet een oude man zitten bij het vuurtje. De man kijkt vriendelijk en nodigt Farid uit om erbij te komen.

"Je ziet eruit alsof je verdwaald bent," zegt de man.

Farid **knikt**. "Ik ben op weg naar Damascus, maar ik weet niet meer welke kant ik op moet. De woestijn is zo groot, en ik kan het pad niet meer vinden."

De oude man glimlacht en kijkt naar de stippen die schitteren in de donkere lucht. "De sterren kunnen je helpen," zegt hij. "Kijk, daar is de **Poolster**. Die ster staat altijd in het noorden. Als je die ster volgt, weet je welke kant je op moet."

Farid kijkt naar de hemel. Hij ziet de Poolster, helder en groot aan de donkere hemel staan. Hij luistert aandachtig naar de verhalen van de man. De man leert hem hoe hij de sterren kan gebruiken om te **navigeren** in de woestijn. "Het is niet alleen goed om 's nachts te reizen om te kunnen navigeren, maar ook omdat het dan minder warm is. Je hebt dan veel minder water nodig, "Zei de man.

Die nacht eet Farid bij het kampvuur. Hij voelt zich rustiger dan de dagen ervoor. Hij besluit na het avondeten te vertrekken, terwijl het donker is. Hij bedankt de man en maakt zijn kameel wakker. Deze keer volgt hij de Poolster, zoals de oude man hem heeft geleerd. Overdag slaapt hij, zodat hij ook de hitte van de dag kan **ontwijken**.

Na een aantal nachten reizen, ziet Farid in de verte kleine lichtjes. Het is Damascus! Hij kan zijn ogen bijna niet geloven. De stad is nog mooier dan hij had gedacht. Hoge muren en torens **steken uit** boven de horizon. Hij heeft het gehaald, hij is in Damascus en kan zijn parel morgen verkopen.

De volgende ochtend staat hij vroeg op, maar het is al druk in Damascus. Overal om hem heen zijn verschillende mensen, grote markten en nieuwe geluiden. Het is een wereld vol kleuren en geuren die Farid nog nooit heeft gezien. Hij loopt door de smalle straten en ziet koopmannen die **zijde**, kruiden en sieraden verkopen. Hij voelt aan de dure, zijden kleding die voor een winkel hangt. Hij heeft nog nooit zoiets zachts gevoeld.

Farid zoekt naar het mooiste gebouw op de markt. Daar, in een groot paleis met prachtige tegels en gouden **versieringen**, ontmoet hij een rijke handelaar. Farid toont de parel, en de ogen van de handelaar worden groot van verbazing.

"Dit is de grootste parel ooit!" roept de handelaar. "Dit is een parel voor een koning!"

Farid glimlacht. "Hoeveel wilt u ervoor geven?" vraagt hij.

De handelaar biedt Farid een enorm bedrag aan, meer geld dan Farid ooit had **durven** dromen. Met het geld in zijn tas voelt Farid zich trots. Hij heeft er hard voor gewerkt door jarenlang te duiken naar oesters.

Farid **geeft** veel geld **uit** in Damascus. Hij koopt mooie dure dingen. Zijn favoriete aankoop is de zijden kleding die hij eerder zag, het voelt geweldig op zijn huid. Hij geniet van het leven in de stad, met het lekkere eten en de mooie spullen om hem heen, maar na een tijdje begint hij zijn oude leven als parelduiker te missen.

Farid besluit terug te gaan naar zijn dorp, terug naar zijn vrienden en familie, terug naar het duiken in die mooie blauwe zee. **Eenmaal thuis**, komen zijn vrienden en familie op hem af. Farid vertelt over de verhalen in Damascus, de oude man in de woestijn en het reizen in de nacht om de sterren te volgen.

's Avonds ligt hij in zijn bed. Hij besluit dat hij morgen nieuwe boten voor de parelduikers in het dorp gaat kopen. Met een glimlach op zijn gezicht, sluit hij zijn ogen. Hij begint te dromen over die grote, schitterende parel terwijl hij in zijn zijden pyjama langzaam in slaap valt.

Samenvatting

Farid is een ervaren parelduiker. Elke dag duikt hij diep in de zee om oesters te zoeken. Soms vindt hij mooie parels, soms niets. Op een dag vindt Farid een enorme parel. In zijn dorp kan niemand genoeg betalen voor de parel. Daarom besluit hij naar Damascus te reizen. De reis is lang en gevaarlijk. Onderweg verdwaalt hij in de woestijn. Gelukkig helpt een oude man hem de weg te vinden, Farid leert de sterren te volgen. Hij komt later aan in Damascus, waar hij de parel voor een hoge prijs verkoopt. Hij geniet van het geld en koopt dure dingen. Toch mist hij zijn dorp en het duiken. Farid keert terug naar huis en is blij om weer bij zijn vrienden en familie te zijn. Hij besluit zijn dorp te helpen door nieuwe boten te kopen.

Woordenlijst

de parelduiker ☐ the pearl diver

de Perzische Golf ☐ the Persian Gulf

de oesters ☐ the oysters

opgeven ☐ to give up

adem inhouden ☐ to hold your breath

de handelaren ☐ the traders

optillen ☐ to lift

schitteren ☐ to shine

bieden ☐ to bid

twijfelen ☐ to hesitate

de kameel ☐ the camel

de karavaanroute ☐ the caravan route

de woestijn ☐ the desert

verloren ☐ lost

het kampvuur ☐ the campfire

knikken ☐ to nod

de Poolster ☐ the pole star

navigeren ☐ to navigate

ontwijken ☐ to avoid

uitsteken ☐ to stick out

de zijde ☐ the silk

de versieringen ☐ the decorations

durven ☐ to dare

uitgeven ☐ to spend

eenmaal thuis ☐ once at home

Test je kennis

1. Farid vond elke dag parels wanneer hij in de zee dook.

   Waar

   Niet waar

2. De handelaren in Farids dorp konden niet genoeg geld bieden voor de grote parel.

   Waar

   Niet waar

3. Farid verkoopt altijd zijn parels direct aan handelaren in Damascus.

   Waar

   Niet waar

4. Tijdens zijn reis naar Damascus verdwaalde Farid in de woestijn.

   Waar

   Niet waar

5. Farid volgde het advies van de oude man om niet 's nachts te reizen.

   Waar

   Niet waar

6. Farid was eerder al eens in Damascus geweest.

Waar

Niet waar

7. Farid besloot om in Damascus te blijven wonen na het verkopen van de parel.

Waar

Niet waar

8. Hij kocht zijden pyjama's voor de mensen in het dorp.

Waar

Niet waar

Open vragen

☐ Heb jij wel eens gesnorkeld of gedoken, hoe was het?

☐ Wanneer ben jij voor het laatst verdwaald, waar ging je heen?

☐ Zou jij een gevaarlijke reis maken voor veel geld, waarom wel of niet?

☐ Welke dingen zou jij kopen als je ineens veel geld had?

☐ Wat heb jij van oudere mensen geleerd?

Verhaal 6

Een dure foto

Ik zit op een houten stoel in een donkere kamer. Mijn handen zijn achter mijn rug **vastgebonden** met een **dik touw**. Mijn enkels zijn vastgemaakt aan de poten van de stoel. De kamer ruikt naar oude schimmel. Mijn benen doen pijn van het lang zitten. Hoe ben ik hier **terechtgekomen**?

Mijn naam is Tom. Ik ben een journalist uit Nederland. Ik ben in Mexico om een artikel te schrijven over de cultuur en tradities. Maar tijdens mijn reis kwam ik **per ongeluk** iets gevaarlijks tegen.

Gisteren wandelde ik door een klein dorpje. Ik zag een groep mannen bij een verlaten gebouw. Ze droegen grote tassen en keken nerveus om zich heen. Mijn nieuwsgierigheid was groter dan mijn **verstand**. Ik haalde mijn camera uit mijn tas en maakte een paar foto's.

Plotseling draaide een van de mannen zich om en zag me. Hij riep iets naar de anderen. Voordat ik het **besefte**, renden er twee mannen naar me toe. Ik probeerde weg te komen, maar ze pakten me vast. "Wat denk je dat je aan het doen bent?" schreeuwden ze in het Spaans.

Ze namen me mee naar het gebouw en gooiden me in deze kamer. Ze **doorzochten** mijn spullen en vonden mijn camera, die ze op de grond gooiden. "Je hebt te veel gezien," zei een man met een lelijk **litteken** op zijn gezicht. Toen begon de **ondervraging**.

Ze wilden weten waarom ik foto's had gemaakt en voor wie ik werkte. Ik probeerde te vertellen dat ik gewoon een journalist was, maar ze geloofden me niet. Ze dachten dat het niet waar was en dat ik was gestuurd door de politie of een ander kartel.

Hun eerste **vuist** kwam snel en hard. Mijn hoofd **knalde** naar achteren, en ik voelde de pijn door mijn gezicht. Ze sloegen me opnieuw, deze keer in mijn maag. Ik zocht naar adem; mijn longen voelden leeg en brandden. "Wie heeft jou gestuurd?" vroeg één van hen opnieuw. Ik herhaalde dat ik niemand was, dat ik gewoon een journalist was.

Toen opende hij een lade van het metalen kastje dat naast een grote kast in de hoek stond, en haalde er een mes uit. Het was klein maar scherp. De man met het lelijke litteken glimlachte koud. Hij keek me aan. "Vertel ons de waarheid, of het wordt erger, dit is nog maar het begin" zei hij rustig.

Mijn angst groeide. Ik wist dat ik hier niet uit zou komen als ik geen **ontsnapping** vond. Ze bleven doorgaan met de **marteling**, sloegen me met de achterkant van het mes, terwijl ze schreeuwden dat ik moest praten. Ik bleef vertellen dat ik **onschuldig** was, maar mijn hoofd deed veel pijn.

Ze zetten me samen met de stoel in de hoek van de kamer. Mijn blote voeten voelden de koude vloer. Mijn hele lichaam deed pijn. De man met het lelijke litteken **boog zich** naar me toe. "We laten je hier nog even nadenken," fluisterde hij. "Misschien ben je dan klaar om de waarheid te vertellen."

Ze lieten me achter, vastgebonden op de stoel, en sloten de deur.

Ik weet niet hoe lang ik hier nu zit, maar het voelt als een **eeuwigheid**. De pijn in mijn lichaam is verschrikkelijk. Ik moet een manier vinden om te ontsnappen.

Ik kijk rond in de kamer, op zoek naar iets dat me kan helpen. In de hoek ligt een stuk gebroken glas. Het is mijn enige kans. Ik beweeg met de stoel langzaam naar het stukje glas. Het maakt een hard geluid op de **betonnen** vloer. Ik stop even en luister of iemand me heeft gehoord. Alles blijft stil.

Voorzichtig buig ik naar voren en probeer het glas met mijn vingers te pakken. Mijn armen doen veel pijn, maar ik moet het proberen. Na enkele minuten voel ik eindelijk het koude glas tegen mijn **vingertoppen**. Met het glas begin ik het touw rond mijn armen door te snijden. Het is moeilijk, en het glas snijdt in mijn huid. Bloed druppelt op de grond, maar ik ga door.

Plotseling voel ik het touw **losser** worden. Met een laatste sterke beweging trek ik mijn handen vrij. Ik val bijna van de stoel door de **uitputting**, maar het lukt me om te blijven zitten. Het lukt me ook om snel het touw rond mijn enkels **los te maken**.

Lopen doet pijn, maar toch beweeg ik langzaam richting de deur. Mijn benen voelen zwak, maar ik weet dat ik moet blijven bewegen. Ik hoor voetstappen in de gang. Ik schrik en **realiseer me** dat ik snel een schuilplaats moet vinden.

In de kamer staat een grote kast. Ik kruip erin en sluit de deur zachtjes. De deur van de kamer gaat open. Een van de mannen komt binnen en ziet dat de stoel leeg is. "Hij is ontsnapt!" roept hij boos. Hij rent de kamer uit om de anderen te halen. Dit is mijn kans.

Ik kom uit de kast en **sluip** naar de deur. De gang is leeg. Ik loop zachtjes richting de uitgang. Maar dan hoor ik weer stemmen en voetstappen. Ik zie een schaduw om de hoek. Ik duik een andere kamer in, net op tijd.

In deze kamer staan dozen en kratten. Ik verstop me achter een grote doos en beweeg niet. De mannen komen voorbij en praten luid. "We moeten hem vinden!" zegt een van hen.

Als de stemmen weggaan, ren ik snel de kamer uit. Ik zie een raam dat open staat. Het is hoog, maar misschien kan ik er doorheen klimmen. Ik stap op een stapel dozen en duw het raam verder open. Ik begin met klimmen, het kost me alle kracht die ik nog heb, maar uiteindelijk lukt het me en land ik op de grond buiten.

Ik ben nu op een **binnenplaats**. Het is donker buiten en ik zie de maan tussen de wolken schijnen. Ik heb geen idee hoe laat het is. Er staat een hoge muur om me heen, met een deur aan het einde. Ik ren ernaartoe, maar de deur is op slot. Ik hoor weer stemmen achter me. Ze hebben ontdekt dat ik buiten ben.

In paniek kijk ik snel om me heen. Dan zie ik een ladder tegen de muur staan. Ik klim snel omhoog. Bovenaan zie ik dat de muur uitkomt op een kleine straat. Ik spring naar beneden en voel een grote pijn in mijn linkerbeen, maar ik kan nog lopen.

Ik ren door de straat, weg van het gebouw en verstop me achter een vuilnisbak. Ik hoor de stemmen en mijn hartslag versnelt weer. Ik moet hulp vinden.

Na een paar minuten verdwijnen de stemmen langzaam. Dit is mijn kans om weg te gaan. Ik sta voorzichtig op en kijk om me heen. De straat is leeg. Ik begin te lopen, hoewel elke stap pijn doet.

Na een tijdje zie ik de lampen van een auto. Ik loop ernaartoe en open de deur. Een oude man kijkt mij aan. Ik probeer iets te zeggen, maar er komen geen woorden uit mijn mond. □Heb je hulp nodig?□vraagt hij.

Ik knik. "Heel graag."

De man doet de deur open en ik stap in. We rijden weg, weg van het kartel, weg van de **nachtmerrie** die ik net heb meegemaakt.

Samenvatting

Ik zit op een stoel in een donkere kamer. Mijn handen zijn achter mijn rug vastgebonden met dik touw. Mijn naam is Tom, ik ben een journalist uit Nederland en ben in Mexico om over cultuur en tradities te schrijven. Ik zag mannen met grote tassen bij een verlaten gebouw. Ik maakte foto's, maar ze zagen me en namen me mee. Ze dachten dat ik van de politie of een ander kartel was en sloegen me. Gelukkig vond ik een stuk glas en sneed het touw rond mijn armen door. Ik ontsnapte uit de kamer en verstopte me. Daarna klom ik door een raam en rende weg. Ik vond een oude man in een auto die me hielp.

Woordenlijst

vastgebonden ☐ tied up
dik touw ☐ thick rope
terechtkomen ☐ to end up
per ongeluk ☐ by mistake
het verstand ☐ the mind
beseffen ☐ to realise
doorzoeken ☐ to search through
het litteken ☐ the scar
de ondervraging ☐ the questioning
de vuist ☐ the fist
knallen ☐ to slam
de ontsnapping ☐ the escape
de marteling ☐ the torture
onschuldig ☐ innocent
zich buigen ☐ to bend down
de eeuwigheid ☐ the eternity
het beton ☐ the concrete
de vingertop ☐ the fingertip
losser ☐ looser
de uitputting ☐ the exhaustion
losmaken ☐ to loosen
zich realiseren ☐ to realise
sluipen ☐ to sneak
de binnenplaats ☐ the courtyard
de nachtmerrie ☐ the nightmare

Test je kennis

1. Tom is een journalist uit Nederland die in Mexico is om een artikel te schrijven.

Waar

Niet waar

2. Tom maakte foto's van mannen met grote tassen bij een verlaten gebouw.

Waar

Niet waar

3. Tom werd vastgebonden op een metalen stoel.

Waar

Niet waar

4. De mannen dachten dat Tom was gestuurd door de politie of een ander kartel.

Waar

Niet waar

5. Tom wist niet hoe hij moest ontsnappen en bleef vastgebonden op de stoel.

Waar

Niet waar

6. Tom verstopte zich in een koelkast.

Waar

Niet waar

7. De mannen schoten op Tom.

Waar

Niet waar

8. De man in de winkel hielp Tom.

Waar

Niet waar

Open vragen

☐ Vond je het verhaal spannend?

☐ Wat doe jij om veilig te blijven op reis?

☐ Waar maak jij graag foto's van?

☐ Zou jij proberen te ontsnappen, waarom wel of niet?

☐ Wanneer vroeg jij voor het laatst om hulp van iemand anders?

Verhaal 7

Een zomer in de bergen

Het was zomer en Emma **keek uit naar** haar vakantie. Dit jaar gaan zij samen met haar ouders voor het eerst naar Zwitserland. Ze kende Zwitserland alleen van foto's en verhalen. Ze droomde al lang van de hoge bergen, de blauwe meren en de mooie natuur. Nu zou ze alles met haar eigen ogen kunnen zien.

Ze besloten met de trein te gaan. Het was niet sneller dan de bus of auto omdat de route door kleine dorpjes ging en ze vaak moesten overstappen. Emma zat in de trein en keek naar buiten. De trein ging steeds hoger de bergen in, en ze zag bomen, meren en enorme bergen. Het was heel anders dan Nederland; er waren namelijk geen **platte velden** of molens. Emma voelde zich blij en een beetje **zenuwachtig**. Ze wilde alles zelf ontdekken.

Hun hotel stond dicht bij een meer, **omringd door** de bergen. Terwijl haar ouders de koffers **uitpakten**, wilde Emma niet blijven zitten. Ze wilde meteen naar buiten, de natuur in. Het leven in Nederland met haar opleiding op de universiteit leek plotseling heel ver weg.

Ik ga wandelen, riep Emma naar haar ouders.

Kom terug voor het donker is, waarschuwde haar moeder. Het is makkelijk om te **verdwalen** in de bergen.

Emma knikte, en rende naar buiten. Ze volgde een smal pad dat door het bos liep. Na een tijdje voelde ze zich alleen. Het enige wat ze hoorde was de wind in de bomen en het zachte geluid van een sloot. Ze genoot van de rust.

Plotseling hoorde ze voetstappen achter zich. Ze draaide zich om en zag een jongen die naar haar toe liep. Hij had donker haar, droeg een rugzak en glimlachte vriendelijk naar haar.

Hallo, zei hij in het Engels met een leuk accent. Ben je verdwaald?

Emma glimlachte. "Nee hoor, ik ben gewoon aan het wandelen."

De jongen kwam dichterbij en **gaf** Emma **een hand**. "Ik ben Luca. Ik woon in het dorp verderop."

"Ik ben Emma," antwoordde ze.

"Zullen we samen lopen?" vroeg Luca. "Ik ken de weg hier goed."

Emma twijfelde even, maar Luca leek aardig. "Ja, dat is goed," zei ze.

Samen liepen ze verder door het bos. Luca vertelde dat hij zijn hele leven al in deze bergen woonde en elk mooi plekje kende. Emma luisterde met interesse. Het was fijn om iemand bij zich te hebben die zoveel over de omgeving wist. Luca praatte vrolijk en leek van de omgeving te **genieten**.

"Waar kom jij vandaan?" vroeg hij.

"Uit Nederland, uit Eindhoven" antwoordde Emma. "Daar is het heel plat, we hebben geen bergen zoals hier."

Luca lachte. "Dat lijkt me raar, leven zonder bergen. Maar Nederland lijkt me ook mooi."

Emma glimlachte. Het is inderdaad mooi, maar hier voelt het anders. De bergen zijn zo groot, ik voel me er heel klein tussen.

Ze belde haar moeder en vertelde dat ze nog wat langer ging wandelen.

Luca en Emma spraken over hun families, hun vrienden en over wat ze later wilden doen. Emma voelde zich op haar gemak bij Luca. Hij was heel grappig en het leek alsof ze hem al jaren kende.

Toen **de zon onder ging**, bracht Luca haar terug naar haar hotel. Zullen we morgen weer afspreken? vroeg hij.

Emma knikte enthousiast. Ja, dat lijkt me leuk.

De volgende ochtend kon Emma niet wachten om Luca weer te zien. Ze had hem verteld over een waterval, en Luca had gezegd dat hij haar erheen zou brengen. Ze ontmoetten elkaar op het pad dat naar de bergen liep en begonnen te wandelen.

Emma voelde dat haar hartslag versnelde. Ze had nooit gedacht dat ze iemand zoals Luca zou ontmoeten tijdens de vakantie. Hij was anders dan de jongens die ze in Nederland kende. Hij was avontuurlijk, **leefde in het moment** en leek altijd gelukkig.

Bij de waterval gingen ze op een grote steen zitten. Het water stroomde prachtig naar beneden. Luca keek Emma aan en glimlachte.

□Ik ben blij dat ik je heb ontmoet,□zei hij.

Emma voelde haar **wangen** rood worden. □Ik ook,□fluisterde ze. Ze wilde meer zeggen, maar durfde niet. Dus bleef ze stil zitten naast Luca en keek naar het water.

De dagen gingen snel voorbij. Emma en Luca waren veel dagen samen. Ze wandelden, zwommen in het meer en praatten over **van alles en nog wat**. Emma merkte dat ze verliefd werd op Luca, maar ze durfde het niet te zeggen. Ze wist dat haar vakantie bijna voorbij was en dat ze snel terug naar Nederland moest.

Op de laatste avond van hun vakantie zaten ze samen bij het meer. De lucht werd licht rood toen de zon onder ging. Luca was stil en Emma voelde zich verdrietig.

□Ik wil niet dat je weggaat,□zei Luca plotseling.

Emma keek naar de grond. □Ik wil ook niet weg,□ fluisterde ze. □Maar ik moet terug naar huis.□

□Waarom kunnen dingen niet blijven zoals ze zijn?□vroeg Luca, terwijl hij een steen in het water gooide.

Emma wist niet wat ze moest zeggen. Ze wilde ook blijven, maar haar leven was in Nederland. Ze moest terug naar haar familie, naar de universiteit en naar haar vrienden. Maar het idee dat ze Luca misschien nooit meer zou zien, maakte haar heel verdrietig.

De volgende ochtend pakte Emma haar spullen in. Haar ouders waren ook druk bezig met de koffers in te pakken, maar Emma dacht alleen maar aan het **afscheid** van Luca.

Bij het treinstation stond Luca al op haar te wachten. Hij had een klein doosje in zijn hand.

□Voor jou,□zei hij en gaf het doosje aan haar.

Emma opende het doosje en zag een houten **armbandje**. □Ik heb het zelf gemaakt,□zei Luca **verlegen**. □Zodat je me niet vergeet.□

Emma voelde **tranen** in haar ogen. □Ik zal je nooit vergeten,□fluisterde ze.

De trein stond klaar om te vertrekken. Emma keek Luca aan.

„Ik ga je missen,” zei Luca zacht.

„Ik jou ook,” antwoordde Emma, terwijl er een traan uit haar oog kwam. Ze stapte in de trein en ging bij het raam zitten, zodat ze Luca nog kon zien.

De trein begon te rijden en Luca zwaaide naar haar. Emma zwaaide terug, maar het voelde niet goed. Ze wilde niet weg. Toen gebeurde er iets **onverwachts**; Luca begon te rennen. Hij rende zo hard als hij kon achter de trein aan.

„Luca!” riep Emma, „Wat doe je?” maar de trein maakte zoveel lawaai dat ze niet zeker wist of hij haar hoorde.

Luca rende even, maar de trein ging te snel. Emma keek naar hem tot hij uit het zicht verdween. Ze **liet zich zakken** in haar stoel en keek naar buiten.

„Helaas kon ik niet meer in de trein springen,” zei Luca tegen zichzelf.

Hij zag een bus die buiten het station stond. Hij rende snel naar de bus en vroeg de chauffeur waar deze bus heen gaat. De chauffeur keek hem aan en zei rustig "Deze bus gaat **rechtstreeks** naar Parijs⬚ Luca keek op zijn telefoon en zag dat er van Parijs een andere bus direct naar Eindhoven gaat, en besloot in te stappen.

Luca zat op het **puntje van zijn stoel**. De bus reed snel, maar elke keer als ze moesten stoppen voor een pauze, voelde hij de spanning. ⬚Hoe snel gaat de trein nu?⬚ vroeg hij zich af. Hij keek opnieuw op zijn telefoon en zag dat de trein ook onderweg was naar Eindhoven. Hij had geen idee wie er sneller zou zijn.

Hij stapte over in Parijs en zat in de bus naar Eindhoven. Luca was blij, maar opeens ging de bus weer langzamer rijden door file. "Kom op, schiet op," fluisterde Luca.

Eindelijk zag hij de **borden** voor Eindhoven. ⬚We zijn er bijna,⬚ zei de chauffeur. Luca was heel zenuwachtig. Zou de trein al aangekomen zijn? Luca sprong uit de bus en rende meteen richting het treinstation. Onderweg zag hij een bloemenwinkel en kocht een **bos tulpen**, Emma⬚s lievelingsbloemen. Toen rende hij naar het station en zag dat de trein er nog niet was. ⬚Het is gelukt!⬚ zei Luca tegen zichzelf.

Toen de trein **even later** aankwam, stapte Emma uit en keek om zich heen. Daar stond Luca. Emma zag hem en liet haar koffer vallen.

◻Luca!◻riep ze verrast.

Luca glimlachte en gaf haar de tulpen. ◻Ik wilde je niet zomaar laten gaan,◻zei hij.

Emma rende naar hem toe en **sloeg haar armen om hem heen**. ◻Ik dacht dat ik je nooit meer zou zien,◻fluisterde ze.

Luca hield haar stevig vast.

Ze liepen **hand in hand** het station uit. Hun vakantie was misschien voorbij, maar wie weet wat de toekomst brengt.

Samenvatting

Emma ging met haar ouders op vakantie naar Zwitserland, waar ze voor het eerst de enorme bergen zag. Tijdens een wandeling ontmoette ze Luca, een jongen die in de bergen woonde. Ze liepen samen en over paden en praatten over van alles en nog wat. Luca kende alle mooie plekken en Emma voelde zich gelukkig met hem. Ze brachten veel tijd samen door en Emma werd verliefd op hem. Maar de vakantie ging voorbij, en Emma moest terug naar Nederland. Op het treinstation gaf Luca haar een armbandje. Toen Emma weg was, besloot Luca ook snel naar Eindhoven te gaan. Hij nam de bus en kwam op tijd aan, en wachtte op het treinstation met een bos tulpen. Emma was heel blij om Luca weer te zien. Ze hielden elkaar stevig vast en wisten dat hun verhaal nog niet voorbij was.

Woordenlijst

uitkijken naar ☐ to look forward to
de platte velden ☐ the flat fields
zenuwachtig ☐ nervous
omringd door ☐ surrounded by
uitpakken ☐ to unpack
verdwalen ☐ to get lost
een hand geven ☐ give a handshake
genieten ☐ to enjoy
de zon gaat onder ☐ the sun is setting
leven in het moment ☐ to live in the moment
de wangen ☐ the cheeks
van alles en nog wat ☐ all sorts of things
het afscheid ☐ the farewell
de armband ☐ the bracelet
verlegen ☐ shy
de tranen ☐ the tears
onverwachts ☐ unexpected
zich laten zakken ☐ to lower oneself
rechtstreeks ☐ directly
puntje van de stoel ☐ on the edge of the seat
de borden ☐ the signs
de bos tulpen ☐ the bouquet of tulips
even later ☐ a bit later
sloeg haar armen om hem heen ☐ wrapped her arms around him
hand in hand ☐ holding hands

Test je kennis

1. Emma ging met het vliegtuig naar Zwitserland.

   Waar

   Niet waar

2. Het hotel van Emma stond bij een meer.

   Waar

   Niet waar

3. Emma wilde eerst liever binnen blijven dan naar buiten gaan.

   Waar

   Niet waar

4. Emma ontmoette Luca tijdens een wandeling.

   Waar

   Niet waar

5. Luca kwam uit Nederland, net als Emma.

   Waar

   Niet waar

6. Emma en Luca bezochten samen een waterval.

   Waar

   Niet waar

7. Luca gaf Emma een gouden armbandje.

Waar

Niet waar

8. Luca wachtte op Emma op het treinstation met een bos tulpen.

Waar

Niet waar

Open vragen

☐ Ben jij wel eens in de bergen geweest, wat vond je ervan of zou je er heen willen?

☐ Reis jij liever met de trein, het vliegtuig of met de bus, waarom?

☐ Houd jij meer van een vakantie in een stad of in de natuur, waarom?

☐ Zwem jij liever in een meer in de bergen of in een zwembad, waarom?

☐ Zou jij ook met de bus naar een ander land reizen voor iemand waarop je verliefd bent?

Verhaal 8

Een liefde voor curry

In een drukke straat in Bangkok staat Aranya elke ochtend vroeg op. Het is warm, zelfs ⓢ ochtends. De lucht ruikt naar eten van de andere kraampjes om haar heen. Aranya **managet** samen met haar man Niran een kleine **eetkraam**. Ze verkopen curry. Niran maakt de kruiden klaar, koopt de ingrediënten en zet de kraam op. Aranya kookt de curry en **bedient** de klanten. Ze werken al vele jaren samen en **vormen een goed team**. Het is hun leven, en Aranya houdt ervan. Het is misschien simpel, maar voor haar voelt het goed.

Elke ochtend begint Niran met het dragen van zware pannen en tafels. Hij brengt ze elke dag naar de hoek van de straat, waar ze hun kraam opzetten. Niran groet de andere verkopers en maakt grapjes met hen. Aranya lacht wanneer ze haar man ziet. Hij is altijd vrolijk, hij kan met iedereen praten. Terwijl hij de kraam klaarzet, begint Aranya in de keuken met de **voorbereidingen**. Ze **schilt** de **knoflook** en snijdt de uien. Haar klanten zijn altijd tevreden en ze verdienen genoeg om de **huur** te betalen.

Op een dag gaat het anders. Niran zegt dat hij zich niet goed voelt. Hij is moe en heeft weinig energie. Aranya **maakt zich zorgen**, want Niran klaagt nooit. Hij is altijd sterk en zit vol energie, maar nu is hij stil en zegt hij dat hij moe is. Toch lacht hij en zegt dat het wel goed komt. Maar de volgende dagen blijft hij in bed liggen. "Aranya, ik kan je niet helpen," zegt hij zacht. Aranya knikt en begrijpt het. Ze zet de kraam alleen op en dat is moeilijk voor haar, want de spullen zijn erg zwaar. Maar ze weet dat ze door moet gaan, ook zonder hem.

De volgende ochtend gebeurt er iets heel verdrietigs. Als Aranya wakker wordt, merkt ze dat Niran stil naast haar ligt. Hij ademt niet meer. Het voelt alsof alles om haar heen stopt. De wereld lijkt **stil te staan** en Aranya voelt haar hart breken. Haar man is overleden. Ze weet niet hoe ze kan leven zonder hem. Tranen rollen over haar wangen en ze voelt zich heel alleen. De dagen daarna voelt Aranya zich slecht. Ze doet alles zoals altijd. Ze staat op, maakt de curry en bedient de klanten, maar haar hart is leeg. Ze moet blijven werken, want ze heeft het geld nodig.

Langzaam begint Aranya de taken van Niran over te nemen. Ze gaat zelf naar de markt om eten te kopen, iets wat ze nooit eerder deed. Niran deed dat altijd voor haar. De markt is een drukke plek, vol geluiden en **geuren**. Aranya loopt langs de kraampjes en kijkt naar de groenten, kruiden, vlees en vis. Ze voelt zich een beetje onzeker, maar ook nieuwsgierig. De verkopers praten vriendelijk met haar. Ze **proeft** nieuwe dingen die ze nooit eerder heeft gezien. Ze ontdekt nieuwe smaken en begint te **experimenteren** in haar eigen keuken.

Op een dag ziet Aranya op de markt **rode bieten**. Ze heeft deze groenten nog nooit eerder gebruikt, maar de kleur **trekt haar aandacht**. Ze koopt een paar van de bieten, ook al weet ze nog niet wat ze ermee zal doen. Thuis probeert ze iets nieuws. Ze voegt de rode bieten toe aan haar gele curry en ziet de kleur veranderen. Plotseling is de curry **paars**. Ze proeft het voorzichtig en glimlacht. De smaak is erg zoet en super lekker, ze weet dat ze iets nieuws heeft!

De volgende ochtend besluit Aranya de nieuwe curry aan haar klanten te verkopen. Ze is zenuwachtig en bang dat ze het niet lekker zullen vinden. Ze zet de kraam op zoals altijd en wacht. De eerste klant die de nieuwe curry probeert, vindt de kleur er leuk uitzien. Aranya kijkt gespannen terwijl de klant de eerste **hap neemt** . Dan glimlacht hij en zegt: "Dit is heerlijk! Wat zit erin?" Aranya lacht verlegen en zegt zacht: "Mijn nieuwe geheime ingrediënt."

Het nieuws over Aranya's nieuwe curry **verspreidt** zich snel. Meer en meer mensen komen naar haar kraam om de paarse curry te proeven. Iedereen is nieuwsgierig naar het geheim van deze curry. Aranya voelt zich trots. Het lijkt alsof ze iets van Niran heeft **teruggevonden**, maar op haar eigen manier. De kraam wordt steeds drukker en Aranya begint zich weer sterker te voelen. Ze mist Niran nog steeds elke dag, maar wanneer ze de blije klanten ziet, is ze gelukkig.

Na een paar maanden heeft Aranya zoveel klanten dat de kraam te klein lijkt. De rij wordt langer en de mensen moeten wachten om haar curry te proberen. Op een avond komt er een man naar haar toe. Hij zegt dat hij een **investeerder** is en dat hij plek heeft voor een restaurant. "Je curry is te goed voor een kraam," zegt hij. Aranya weet niet wat ze moet zeggen. Een restaurant lijkt zo'n grote **uitdaging**. Maar de man zegt dat hij haar zou helpen. De volgende dagen regelt hij alles voor haar en na een paar weken is het zover: Aranya opent haar eigen restaurant.

De eerste dag dat het restaurant open is, voelt Aranya zich zenuwachtig. Maar zodra de klanten binnenkomen en ze het geluid van kokend eten hoort, weet ze dat dit haar nieuwe plek is. Het restaurant **loopt goed**. Mensen komen van ver om haar bijzondere curry te eten. Elke dag zit het vol terwijl Aranya geniet van het koken.

Op een dag komt er een journalist naar het restaurant. Hij eet de beroemde paarse curry en vraagt of hij met Aranya mag praten. Ze is zenuwachtig, maar zegt ja. Niet lang daarna komt er een artikel over haar in de krant van Bangkok. Ze wordt nog beroemder en blijft de curry **verbeteren**. Het jaar daarna gebeurt er iets heel bijzonders: haar restaurant krijgt een **prijs** voor het beste lokale restaurant in Bangkok. Aranya kan het bijna niet geloven. Ooit begonnen met een kleine kraam en nu heeft ze deze prijs gewonnen.

Op een avond, na een lange dag in het restaurant, gaat Aranya even buiten zitten. Ze kijkt naar de sterren en denkt aan Niran. Ze voelt de warme wind op haar gezicht en glimlacht. Ze weet dat haar leven nooit meer hetzelfde zal zijn zonder hem, maar ze voelt zich nu sterker. Ze heeft iets moois **opgebouwd**, iets waar ze trots op is. Terwijl ze daar zit, hoort ze een zachte wind en fluistert ze in zichzelf: "Dank je, Niran." Ze weet dat hij altijd bij haar zal zijn, in haar hart.

Samenvatting

Aranya woont in Bangkok en managet samen met haar man Niran een kleine eetkraam. Ze verkopen curry en werken al jaren samen. Aranya kookt en Niran zet de kraam op. Maar op een dag voelt Niran zich niet goed. Hij blijft thuis en even later overlijdt hij. Aranya is verdrietig, maar ze weet dat ze door moet gaan. Ze begint de taken van Niran over te nemen en ontdekt nieuwe smaken. Op de markt koopt ze rode bieten en maakt een nieuwe paarse curry. De klanten vinden het heerlijk en de kraam wordt steeds drukker. Aranya opent een restaurant met hulp van een investeerder. Het restaurant loopt goed en ze wint een prijs. Hoewel ze Niran mist, voelt ze zich sterk. Ze weet dat hij altijd in haar hart zal blijven.

Woordenlijst

managen ☐ to manage
de eetkraam ☐ the food stall
bedienen ☐ to serve
een goed team vormen ☐ they are a good team
de voorbereidingen ☐ the preparations
schillen ☐ to peel
de knoflook ☐ the garlic
de huur ☐ the rent
zich zorgen maken ☐ to worry
stil te staan ☐ to stand still
de geuren ☐ the scents
proeven ☐ to taste
experimenteren ☐ to experiment
de rode bieten ☐ the beetroots
trekt haar aandacht ☐ catches her attention
paars ☐ purple
hap nemen ☐ to take a bite
verspreiden ☐ to spread
terugvinden ☐ to find back / to recover
de investeerder ☐ the investor
de uitdaging ☐ the challenge
goed lopen ☐ running smoothly / performing well
verbeteren ☐ to improve
de prijs ☐ the prize
opbouwen ☐ to build up

Test je kennis

1. Aranya kookte de curry en Niran bediende de klanten.

Waar

Niet waar

2. Niran maakte altijd grapjes met de andere verkopers.

Waar

Niet waar

3. Aranya kocht de rode bieten omdat ze zoet waren.

Waar

Niet waar

4. Aranya vond het spannend om de paarse curry aan haar klanten te verkopen.

Waar

Niet waar

5. Na het overlijden van Niran opent Aranya meteen een restaurant.

Waar

Niet waar

6. Aranyas nieuwe curry werd niet lekker gevonden door de klanten.

Waar

Niet waar

7. Een journalist schreef een artikel over Aranya's restaurant in een nationale krant.

Waar

Niet waar

8. Niran en Aranya droomden samen van het openen van een restaurant.

Waar

Niet waar

Open vragen

☐ Wat is jouw favoriete gerecht?

☐ Hoe vaak, en wat kook jij?

☐ Heb jij een recept waar je trots op bent?

☐ Waar koop jij jouw boodschappen, en hoe vaak?

☐ Zou jij een restaurant willen openen, waarom wel of niet?

THE END

Please leave your **feedback** for the next books

You can also leave **only your e-mail address** in the link to receive new book updates □ we guarantee that we only email when a new book comes out

The story continues

Look out for **Book 2**

If you liked it, please help other learners to find this book as well, by **reviewing this book** where you bought it.

Answer key

Het mysterie van het oude huis

1. Evi en Bram liepen op een zonnige middag buiten de stad.
Antwoord: **Niet waar**
Het was een koude, regenachtige zaterdagmiddag, niet een zonnige middag.

2. Meneer Peters en zijn gezin woonden in het huis.
Antwoord: **Niet waar**
Het huis was vervallen, donker en niemand woonde er.

3. Het hek rond het huis was nieuw.
Antwoord: **Niet waar**
Het hek was begroeid met planten.

4. Bram en Evi zagen schilderijen van bekende mensen.
Antwoord: **Niet waar**
Ze zagen schilderijen van mensen die ze niet kenden.

5. Toen Bram de papieren op de tafel zag, ontdekte hij dat het brieven waren.
Antwoord: **Waar**
Bram zei dat de papieren brieven waren en dat het handschrift oud was.

6. Evi hoorde voetstappen voordat ze een schaduw zag bewegen in de gang.
Antwoord: **Waar**
Evi hoorde eerst voetstappen en daarna zag ze een schaduw langs de muur bewegen.

7. Bram en Evi deden de voordeur dicht toen ze het huis uitgingen.
Antwoord: **Niet waar**
Ze zagen hoe de voordeur langzaam dichtging, alsof iemand van binnenuit de deur sloot.

8. Bram was zelfs aan het einde niet bang.
Antwoord: **Niet waar**
Ook Bram geloofde niet meer dat het geluid door de wind kwam en rende samen met Evi het huis uit.

Een held op blote voeten

1. Abebe rende altijd op blote voeten.
Antwoord: **Niet waar**
Abebe droeg soms oude schoenen.

2. Abebe woonde in een dorp tussen de heuvels en velden.
Antwoord: **Waar**
Het dorp van Abebe lag in de heuvels en tussen de lange velden.

3. Abebe rende elke dag vijftien kilometer naar school.
Antwoord: **Niet waar**
Elke ochtend rende Abebe tien kilometer naar school.

4. Het nationale team van Ethiopië wilde Abebe niet voor de Olympische Spelen.
Antwoord: **Niet waar**
Het nationale team van Ethiopië zocht jonge hardlopers voor de Olympische Spelen en Abebe's naam stond op de lijst.

5. Abebe's familie was boos op hem toen hij naar de Olympische Spelen ging.
Antwoord: **Niet waar**
Zijn familie was heel trots op Abebe toen hij naar de Olympische Spelen ging

6. De schoenen die Abebe in Rome kreeg waren te groot
Antwoord: **Niet waar**
De schoenen die hij kreeg waren te klein.

7. Abebe rende de marathon in Rome zonder schoenen.
Antwoord: **Waar**
Abebe liep de marathon zonder schoenen, omdat de schoenen die hij kreeg niet goed waren.

8. De mensen in het dorp bewonderden Abebe's doorzettingsvermogen.
Antwoord: **Waar**
De mensen in het dorp begonnen Abebe's doorzettingsvermogen te bewonderen.

Een reis om niet te vergeten

1. Tom en Paul huurden een tuktuk in Sri Lanka om
het binnenland te verkennen.
Antwoord: **Waar**
*Tom en Paul huurden een tuktuk van een bedrijf en
reden uit de stad.*

2. De wegen in het gebied waar Tom en Paul reisden
waren perfect.
Antwoord: **Niet waar**
*De man van het verhuurbedrijf waarschuwde hen dat
sommige wegen smal en slecht onderhouden waren.*

3. De olifant blokkeerde de bussen op de weg en
werd agressief.
Antwoord: **Waar**
*De olifant blokkeerde de bussen en sloeg met zijn
slurf tegen bussen.*

4. Tom en Paul hadden geen voedsel bij zich toen ze
de olifant zagen.
Antwoord: **Niet waar**
*Ze herinnerden zich dat ze een tros bananen hadden
gekocht bij een markt, die ze gebruikten om de olifant
af te leiden.*

5. De olifant kwam uit het hoge gras.
Antwoord: **Niet waar**
*De man in de jeep legde uit dat wilde olifanten soms
uit het bos komen.*

6. De olifant sloeg met zijn slurf tegen de jeep.
Antwoord: **Niet waar**
De olifant sloeg de bus, niet de jeep.

7. De tuktuk startte zonder problemen toen de olifant at.
Antwoord: **Niet Waar**
De eerste twee keer wilde de motor niet starten, de derde keer startte de motor.

8. Na het eten van de bananen liep de olifant terug het bos in.
Antwoord: **Waar**
Nadat de olifant de laatste banaan had gegeten, liep hij terug het bos in.

Het laatste kopje thee

1. Detective Jan Vermeer werkte in de drukke stad Riethoven.
Antwoord: **Niet waar**
Detective Jan Vermeer werkte in Riethoven maar het is een rustige stad.

2. Meneer Willem de Vries werd gevonden met een halfvol kopje koffie op tafel.
Antwoord: **Niet waar**
Meneer De Vries werd gevonden met een halfvol kopje thee.

3. Karel, de butler, maakte dagelijks thee voor meneer De Vries.
Antwoord: **Waar**
Karel bracht meneer De Vries dagelijks zijn thee.

4. Detective Vermeer vond vingerafdrukken op de
vensterbank in de woonkamer.
Antwoord: **Waar**
*Vermeer ontdekte vingerafdrukken op de
vensterbank in de woonkamer.*

5. De buurvrouw, mevrouw Janssen, zag een man in
een donkere jas en hoed bij het huis van meneer De
Vries.
Antwoord: **Waar**
Mevrouw Janssen zei dit tegen detective Vermeer.

6. Mark, de zoon van meneer De Vries, zei dat hij
hem niet had vermoord.
Antwoord: **Niet waar**
*Mark zegt dat inderdaad, maar is de neef van De
Vries, niet de zoon*

7. In de tuin van meneer De Vries groeide de giftige
plant vingerhoedskruid.
Antwoord: **Waar**
In de tuin vond Vermeer de giftige plant.

8. Karel zei op het einde dat hij het gif in de thee van
meneer De Vries had gedaan.
Antwoord: **Waar**
Karel zei dat hij gif in de thee had gedaan.

De parel van de Perzische golf

1. Farid vond elke dag parels wanneer hij in de zee
dook.
Antwoord: **Niet waar**
*Farid vond soms mooie parels, maar vaak vond hij
niets.*

2. De handelaren in Farids dorp konden niet genoeg
geld bieden voor de grote parel.
Antwoord: **Waar**
*Niemand in het dorp kon hem genoeg geld bieden
voor de grote parel.*

3. Farid verkoopt al zijn parels direct aan handelaren
in Damascus.
Antwoord: **Niet waar**
*Farid verkoopt zijn parels normaal in het dorp om
geld te verdienen.*

4. Tijdens zijn reis naar Damascus verdwaalde Farid
in de woestijn.
Antwoord: **Waar**
*Farid raakte de weg kwijt in de woestijn en wist niet
meer welke kant hij op moest.*

5. Farid volgde het advies van de oude man om niet
s nachts te reizen
Antwoord: **Niet waar**
*De oude man adviseerde hem juist om 's nachts te
reizen om de hitte te vermijden en de Poolster te
kunnen volgen.*

6. Farid was eerder al eens in Damascus geweest.
Antwoord: **Niet waar**
*Hij zag de stad voor het eerst tijdens deze reis en
was verbaasd over hoe mooi de stad was.*

7. Farid besloot om in Damascus te blijven wonen na
het verkopen van de parel.
Antwoord: **Niet waar**
*Farid besloot terug te gaan naar zijn dorp omdat hij
zijn oude leven begon te missen.*

8. Hij kocht zijden pyjama's voor de mensen in het
dorp.
Antwoord: **Niet waar**
*Hij kocht een zijden pyjama voor zichzelf en nieuwe
boten voor de mensen in het dorp.*

Een dure foto

1. Tom is een journalist uit Nederland die in Mexico is
om een artikel te schrijven.
Antwoord: **Waar**
*Hij zegt dat hij een journalist is en komt om een
artikel te schrijven over de cultuur en tradities.*

2. Tom maakte foto's van mannen met grote tassen
bij een verlaten gebouw.
Antwoord: **Waar**
*Hij haalde zijn camera uit zijn tas en maakte de
foto s.*

3. Tom werd vastgebonden op een metalen stoel.
Antwoord: **Niet waar**
*Hij zat vastgebonden op een houten stoel in een
donkere kamer.*

4. De mannen dachten dat Tom was gestuurd door
de politie of een ander kartel.
Antwoord: **Waar**
*Ze dachten dat Tom van de politie of van een ander
kartel was.*

5. Tom wist niet hoe hij moest ontsnappen en bleef vastgebonden op de stoel.
Antwoord: **Niet waar**
Hij vond een stuk gebroken glas en sneed zich los.

6. Tom verstopte zich in een koelkast.
Antwoord: **Niet waar**
Hij verstopte zich in een kast en achter dozen.

7. De mannen schoten op Tom.
Antwoord: **Niet waar**
In het verhaal werd er niet geschoten.

8. De man in de winkel helpt Tom.
Antwoord: **Niet waar**
De man die Tom helpt zit in een auto.

Een zomer in de bergen

1. Emma ging met het vliegtuig naar Zwitserland.
Antwoord: **Niet waar**
Emma en haar ouders gingen met de trein naar Zwitserland

2. Het hotel van Emma stond bij een meer.
Antwoord: **Waar**
Hun hotel stond dicht bij een meer, omringd door bergen.

3. Emma wilde eerst liever binnen blijven dan naar buiten gaan.
Antwoord: **Niet waar**
Emma wilde meteen naar buiten om de natuur te ontdekken, terwijl haar ouders de koffers uitpakten.

4. Emma ontmoette Luca tijdens een wandeling.
Antwoord: **Waar**
*Emma ontmoette Luca toen ze een wandeling
maakte en hij haar vroeg of ze verdwaald was.*

5. Luca kwam uit Nederland, net als Emma.
Antwoord: **Niet waar**
*Luca woonde in de bergen en kwam niet uit
Nederland.*

6. Emma en Luca bezochten samen een waterval.
Antwoord: **Waar**
*Luca bracht Emma naar een waterval, waar ze
samen op een steen gingen zitten.*

7. Luca gaf Emma een gouden armbandje.
Antwoord: **Niet waar**
*Luca gaf Emma bij het treinstation een zelfgemaakt
houten armbandje als afscheidscadeau.*

8. Luca wachtte op Emma op het treinstation met een
bos tulpen.
Antwoord: **Waar**
*Luca kocht een bos tulpen op het station en gaf die
aan Emma.*

Een liefde voor curry

1. Aranya kookte de curry en Niran bediende de klanten.
Antwoord: **Niet waar**
Aranya kookt de curry en bedient de klanten, terwijl Niran de kraam opzet en de ingrediënten klaarmaakt.

2. Niran maakte altijd grapjes met de andere verkopers.
Antwoord: **Waar**
Niran groette elke ochtend de andere verkopers en maakte grapjes met hen.

3. Aranya kocht de rode bieten omdat ze zoet waren.
Antwoord: **Niet waar**
Aranya kocht de rode bieten omdat ze kleur leuk vond, niet vanwege de smaak.

4. Aranya vond het spannend om de paarse curry aan haar klanten te verkopen.
Antwoord: **Waar**
Aranya was zenuwachtig en bang dat de klanten haar nieuwe curry niet lekker zouden vinden.

5. Na het overlijden van Niran opent Aranya meteen een restaurant.
Antwoord: **Niet waar**
Aranya ging door met de eetkraam, ook al vond ze het moeilijk zonder Niran.

6. Aranya's nieuwe curry werd niet lekker gevonden
door de klanten.

Antwoord: **Niet waar**

*De klanten vonden de paarse curry heerlijk, en het
nieuws verspreidde zich snel.*

7. Een journalist schreef een artikel over Aranya's
restaurant in een nationale krant.

Antwoord: **Niet Waar**

*Een journalist schreef een artikel over haar in de
krant van Bangkok*

8. Niran en Aranya droomden samen van het openen
van een restaurant.

Antwoord: **Niet waar**

*Aranya kreeg pas de kans om een restaurant te
openen nadat Niran overleden was, met de hulp van
een investeerder.*

Glossary

A
aan de hand is ☐ going on
aandacht (de) ☐ the attention
aankijken ☐ to look at
aanwijzing (de) ☐ the clue
achterom kijken ☐ to look back
adem inhouden ☐ to hold your breath
ademhalen ☐ to breathe
afleiden ☐ to distract
afscheid (het) ☐ the farewell
afzender (de) ☐ the sender
al een tijdje ☐ already for a while
angst (de) ☐ the fear
armband (de) ☐ the bracelet
arresteren ☐ to arrest
atleten (de) ☐ athletes

B
baseren ☐ to base
bedienen ☐ to serve
bepalen ☐ to decide
bescherming (de) ☐ the protection
beseffen ☐ to realise
beton (het) ☐ the concrete
bezienswaardigheden (de) ☐ the places of interest
bezoeker (de) ☐ the visitor
bieden ☐ to bid
binnenplaats (de) ☐ the courtyard
blaren (de) ☐ blisters
blokkeren ☐ to block

borden (de) ☐ the signs
borrel (de) ☐ the drink (casual gathering)
bos tulpen (de) ☐ the bouquet of tulips

D
dik touw ☐ thick rope
doorzettingsvermogen (het) ☐ the perseverance
doorzoeken ☐ to search through
durven ☐ to dare

E
echter ☐ however
een goed team vormen ☐ they are a good team
een hand geven ☐ give a handshake
eenmaal thuis ☐ once at home
eerlijk ☐ honestly
eetkraam (de) ☐ the food stall
eeuwigheid (de) ☐ the eternity
even later ☐ a bit later
experimenteren ☐ to experiment

F
feliciteren ☐ to congratulate
fluisteren ☐ to whisper

G
geheim (het) ☐ the secret
gemeen ☐ mean
genieten ☐ to enjoy
getuige (de) ☐ the witness
geuren (de) ☐ the scents
giftige stof ☐ the toxic substance
goed lopen ☐ running smoothly / performing well

golf (de) ☐ the wave
gouden medaille (de) ☐ gold medal

H
halfvol ☐ half full
hand in hand ☐ holding hands
handelaren (de) ☐ the traders
handschrift (het) ☐ the handwriting
hap nemen ☐ to take a bite
hardloper ☐ runner
hartslag versnelde ☐ heart rate accelerated
hek (het) ☐ the fence
held (de) ☐ the hero
hen te wachten stond ☐ that awaited them
herinneren ☐ to remember
heuvels (de) ☐ the hills
huur (de) ☐ the rent

I
iets zwaars ☐ something heavy
imposant ☐ imposing
in paniek raken ☐ to panic
inbraak (de) ☐ the burglary
inhalen ☐ to overtake
inspireren ☐ to inspire
investeerder (de) ☐ the investor

K
kameel (de) ☐ the camel
kampvuur (het) ☐ the campfire
karavaanroute (de) ☐ the caravan route
knallen ☐ to slam
knikken ☐ to nod

knoflook (de) ☐ the garlic
kraak (de) ☐ the crack

L
leunen ☐ to lean
leven in het moment ☐ to live in the moment
leven leiden ☐ to lead a life
litteken (het) ☐ the scar
losmaken ☐ to loosen
losser ☐ looser

M
managen ☐ to manage
marteling (de) ☐ the torture
meegemaakt hebben ☐ to have witnessed
met uitzondering van ☐ with the exception of
misdaad (de) ☐ the crime
mysterieus ☐ mysterious

N
nachtmerrie (de) ☐ the nightmare
namelijk ☐ namely
navigeren ☐ to navigate
niet van plan zijn om ☐ not planning to
nieuwsgierig ☐ curious

O
oesters (de) ☐ the oysters
Olympische Spelen (de) ☐ the Olympic Games
om zich heen ☐ around oneself
omringd door ☐ surrounded by
ondervraging (de) ☐ the questioning
onderzoeken ☐ to examine

onschuldig ☐ innocent
ontsnapping (de) ☐ the escape
ontwijken ☐ to avoid
onverwachts ☐ unexpected
op blote voeten ☐ on bare feet
opbouwen ☐ to build up
opgeven ☐ to give up
optillen ☐ to lift
opvallen ☐ to stand out
overwegen ☐ to consider

P

paars ☐ purple
parelduiker (de) ☐ the pearl diver
per ongeluk ☐ by mistake
Perzische Golf (de) ☐ the Persian Gulf
platte velden (de) ☐ the flat fields
plotseling ☐ suddenly
politiebureau (het) ☐ the police station
Poolster (de) ☐ the pole star
prijs (de) ☐ the prize
proeven ☐ to taste
publiek (het) ☐ the crowd
puntje van de stoel ☐ on the edge of the seat

R

rapport (het) ☐ the report
rechtstreeks ☐ directly
rode bieten (de) ☐ the beetroots
rotsachtige ☐ rocky

S

schaduwen (de) ☐ the shadows
schillen ☐ to peel
schimmel (de) ☐ the mold
schitteren ☐ to shine
schokkends ☐ shocking
schudden ☐ to shake
slaan ☐ to hit
sloeg haar armen om hem heen ☐ wrapped her arms around him
sluipen ☐ to sneak
slurf (de) ☐ the trunk
spanning (de) ☐ the tension
spookachtige ☐ spooky
sportwedstrijd (de) ☐ the sports match
springen ☐ to jump
stil te staan ☐ to stand still
stof (het) ☐ the dust

T

te laten onderzoeken ☐ to have examined
terechtkomen ☐ to end up
terugdenken ☐ to think back
terugvinden ☐ to find back / to recover
theeplantages (de) ☐ the tea plantations
toegeven ☐ to admit
tot hun verbazing ☐ to their surprise
tranen (de) ☐ the tears
trekt haar aandacht ☐ catches her attention
trillend ☐ shaking
trots ☐ proud
twijfelen ☐ to hesitate

U

uitdaging (de) ☐the challenge
uitgeven ☐to spend
uithoudingsvermogen (het) ☐the endurance
uitkijken naar ☐to look forward to
uitpakken ☐to unpack
uitputting (de) ☐the exhaustion
uitsteken ☐to stick out

V

van alles en nog wat ☐all sorts of things
vastgebonden ☐tied up
verantwoordelijk ☐responsible
verbeteren ☐to improve
verdwalen ☐to get lost
verlegen ☐shy
verloren ☐lost
versieringen (de) ☐the decorations
verspreiden ☐to spread
verstand (het) ☐the mind
verstijfd ☐stiffened
verte (de) ☐the distance
vertrouwen ☐to trust
vervallen ☐decayed
vingerafdrukken (de) ☐the fingerprints
vingerhoedskruid (het) ☐the foxglove
vingertop (de) ☐the fingertip
voetstappen (de) ☐the footsteps
voorbereidingen (de) ☐the preparations
voorzichtig ☐careful
vreemd ☐strange
vuist (de) ☐the fist

W

wangen (de) ☐ the cheeks
wegjagen ☐ to scare away
woestijn (de) ☐ the desert

Z

zenuwachtig ☐ nervous
zich bekeken voelen ☐ to feel watched
zich buigen ☐ to bend down
zich laten zakken ☐ to lower oneself
zich realiseren ☐ to realise
zich zorgen ☐ to worry
zichtbaar ☐ visible
zijde (de) ☐ the silk
zon gaat onder ☐ the sun is setting
zwaaien ☐ to wave

www.ingramcontent.com/pod-product-compliance
Lightning Source LLC
LaVergne TN
LVHW051534170726
843492LV00006B/1759